T0161162

RÉFUTATIONS SOPHISTIQUES

ORGANON VI

DU MÊME AUTEUR

À la même librairie

BIBLIOTHÈQUE DES TEXTES PHILOSOPHIQUES

Fondateur H. GOUHIER   Directeur J.-F. COURTINE

ARISTOTE

RÉFUTATIONS SOPHISTIQUES

ORGANON VI

Introduction, traduction, notes et index
par
Jules TRICOT

PARIS

LIBRAIRIE PHILOSOPHIQUE J. VRIN

6, Place de la Sorbonne, V e

2007

En application du Code de la Propriété Intellectuelle et notamment de ses articles L. 122-4, L. 122-5 et L. 335-2, toute représentation ou reproduction intégrale ou partielle faite sans le consentement de l'auteur ou de ses ayants droit ou ayants cause est illicite. Une telle représentation ou reproduction constituerait un délit de contrefaçon, puni de deux ans d'emprisonnement et de 150 000 euros d'amende.

Ne sont autorisées que les copies ou reproductions strictement réservées à l'usage privé du copiste et non destinées à une utilisation collective, ainsi que les analyses et courtes citations, sous réserve que soient indiqués clairement le nom de l'auteur et la source.

© *Librairie Philosophique J. VRIN*, 1992

2007, *pour la présente édition*

Imprimé en France
ISBN 978-2-7116-0017-3

www.vrin.fr

INTRODUCTION

Les *Réfutations Sophistiques* sont une sorte d'appendice aux *Topiques*, dont on admet généralement, à la suite de Waitz (II, 528-529) et de Bonitz (*Ind. arist.*, 162a49), qu'elles forment le neuvième et dernier livre. Le programme réalisé par Aristote, dans cet opuscule, est plus vaste que le titre ne le laisse prévoir : les réfutations apparentes étant l'application par les Sophistes d'une méthode générale de discussion, c'est tout le faux raisonnement qui est, en fait, analysé et critiqué.

En dépit de ses imperfections, l'ouvrage est resté classique, et il mérite de l'être ; il a proposé notamment une division des sophismes qui est toujours utilisable, et qui n'a reçu depuis que des modifications peu importantes ; il a aussi disséqué et examiné les paralogismes les plus divers avec une rare pénétration. Nous l'avons traduit tel quel, avec des notes suffisamment nombreuses pour rendre intelligibles les subtilités verbales et dialectiques qu'il contient.

Parvenu au terme de cette longue traduction de l'*Organon*, nous adressons nos remerciements à ceux qui nous ont soutenu de leurs encouragements, ainsi qu'aux correcteurs bénévoles qui ont revu nos épreuves et contribué ainsi à la bonne présentation de l'ouvrage. Nous devons une reconnaissance particulière à notre éditeur, qui, malgré les circonstances difficiles, a assumé les risques de la publication de ces volumes.

Qu'il nous soit permis enfin d'exprimer notre satisfaction d'avoir mené à bonne fin un travail souvent difficile et ingrat. Nous ne nous dissimulons nullement ses imperfections, mais, tout compte fait, nous sommes heureux d'avoir rendu accessible une œuvre capitale, dont la pensée humaine s'est nourrie et pénétrée, et dont la fécondité ne paraît pas épuisée. De nos jours encore, l'*Organon* demeure le plus admirable monument de la science logique.

Jules Tricot

BIBLIOGRAPHIE

Textes

Comme pour les *Topiques*, notre traduction a été faite sur la plus récente édition : *Aristotelis Topica cum libro de Sophisticis Elenchis, e Schedis Ioannis* Strache, *edidit Maximilianus* Wallies, Leipzig, 1923 (Bibliothèque Teubner). Quelques variantes, indiquées en note, ont été empruntées soit à l'édition Bekker (dont les références figurent en marge), soit à l'édition Waitz (tome II, Leipzig, 1846).

Commentaires grecs et latins

ALEXANDRE D'APHRODISE, *Alexandri quod fertur in Aristotelis Sophisticos Elenchos commentarium*, M. Wallies (ed.), « Acad. Berol. » II, 3, Berlin, 1898. – Ce commentaire, attribué généralement à Alexandre, est peut-être de Michel d'Éphèse ou de Psellos.

ANONYMI, *in Aristotelis Sophisticos Elenchos paraphrasis*, M. Hayduck (ed.), « Acad. Berol. » XXIII, 3, Berlin, 1884. – Cette paraphrase anonyme est sans doute de Sophonias.

PACIUS J., *Aristotelis Stagiritae ... Organum*, Morgiis, 1584, traduction latine et notes marginales (désigné par « I » dans notre commentaire).

– *In Porphyrii Isagogen et Aristotelis Organum Commentarium*, Aureliae Allobrogum, 1605 (désigné par « II » dans nos notes).

MAURUS S., *Aristotelis Opera quae extant omnia, brevi paraphrasi, etc. …* ; t. I, *continens philosophiam rationalem, hoc est logicam, rhetoricam et poeticam*, Rome, 1668.

WAITZ Th., *Aristotelis Organon graece*, Leipzig, 1844-1846, 2 vol.

Principaux ouvrages consultés

Voir les indications des précédents volumes. La traduction de W.A. Pickard-Cambridge, Oxford, Clarendon Press, 1928, nous a été d'un grand secours.

Compléments bibliographiques

CASSIN B. (dir.) *Positions de la sophistique*, Paris, Vrin, 1986.

DORION L.A, *Les réfutations sophistiques d'Aristote*, traduction et commentaire, Paris, Vrin, 1995.

GUTHRIE W.K.C., *The Sophists* (*A History of Greek Philosophy*, vol. 3, Part 1), Cambridge, Cambridge University Press, 1977.

DILLON J., *The Greek Sophists*, London, Penguin Classic, 2003.

JARRATT S.J., *Rereading the Sophists : Classical Rhetoric Refigured*, Carbondale and Edwardsville, Southern Illinois University Press, 1991.

KERFERD G.B., *Le mouvement sophistique*, trad. fr. A. Tordesillas et D. Bigou, Paris, Vrin, 2000.

ROMEYER-DHERBEY G. *Les sophistes*, Paris, PUF, 2002.

SPRAGUE R.K. (ed.), *The Older Sophists*, Indianapolis, Hackett Publishing Company, 2001.

ARISTOTE

RÉFUTATIONS SOPHISTIQUES
ORGANON VI

1

<Syllogisme et Réfutation sophistique – La Sophistique>

Parlons maintenant des réfutations sophistiques[1], c'est- **164a20**
à-dire des réfutations qui n'en ont que l'apparence, mais
qui sont en réalité des paralogismes et non des réfutations.
Nous commencerons par les choses qui sont naturellement
premières[2].

Que certains raisonnements soient des raisonnements
véritables, tandis que d'autres paraissent l'être tout en ne
l'étant pas, c'est là une chose manifeste. Cette confusion se
produit dans les arguments, comme elle se produit aussi **25**
ailleurs, en vertu d'une certaine ressemblance[3]. C'est ainsi
que, parmi les hommes, les uns sont dans un bon état physique,
et les autres paraissent seulement l'être, s'enflant et s'apprê-
tant eux-mêmes à la façon des victimes offertes par les Tribus
dans les sacrifices; les uns sont beaux par leur beauté naturelle, **164b20**
et les autres le paraissent à force de se farder. Même observa-
tion aussi pour les objets inanimés, dont les uns sont véritablement d'or ou d'argent, tandis que les autres ne le sont pas et

---

1. Sur la réfutation (ἔλεγχος), cf. *An. prior*, II, 20, et les notes de notre
traduction, p. 296 et 297.
2. C'est-à-dire les principes communs (κοινά) à notre étude
(*cf.* Alexandre, 7, 15).
3. Entre le vrai et l'apparent.

14   RÉFUTATIONS SOPHISTIQUES

le paraissent seulement à nos sens : c'est ainsi que les objets en
litharge ou en étain paraissent en argent, et que les objets en
25 métal jaune paraissent en or. C'est de la même façon que
raisonnement et réfutation sont tantôt véritables, et tantôt ne le
sont pas, bien que l'inexpérience les fasse paraître tels : car les
gens inexpérimentés n'en ont, pour ainsi dire, qu'une vue
165a éloignée[1]. – Le syllogisme est un raisonnement dans lequel,
certaines prémisses étant posées, une conclusion autre que ce
qui a été posé en découle nécessairement, par le moyen des
prémisses posées[2] ; la réfutation est un raisonnement avec
contradiction de la conclusion[3]. Or cela, les Sophistes ne le
font pas[4], mais ils paraissent seulement le faire, pour plusieurs
5 raisons : l'une de ces raisons, qui est la plus naturelle et la plus
courante[5], est celle qui tient aux noms donnés aux choses. En
effet, puisqu'il n'est pas possible d'apporter dans la discussion
les choses elles-mêmes, mais qu'au lieu des choses nous
devons nous servir de leurs noms comme de symboles, nous
supposons que ce qui se passe dans les noms se passe aussi
10 dans les choses, comme dans le cas des cailloux qu'on rapporte
au compte[6]. Or, entre noms et choses, il n'y a pas ressemblance
complète : les noms sont en nombre limité, ainsi que la pluralité des définitions, tandis que les choses sont infinies en

1. *Falluntur ut ei qui eminus res adspiciunt* (Pacius, I, 788).
2. *Cf.* la définition déjà donnée *An. prior*, I, 1, 24b18, et *Top.*, I, 1, 100a25.
3. *Id est, quo colligitur conclusio contradicens enunciationi ab adversario in eadem disputatione concessae* (Pacius, II, 480). *Cf.* la définition de *An. prior*, II, 20, 66b11.
4. Les Sophistes ne font ni syllogismes véritables, ni réfutations véritables (Anonyme, 2, 28).
5. Les autres seront étudiées *infra*, chap. 4 *sq.*
6. Selon le mode primitif de compter. *Quod in calculis deprehenditur, in rationes refertur* (Pacius, I, 788).

nombre. Il est, par suite, inévitable que plusieurs choses soient signifiées et par une même définition et par un seul et même nom[1]. Par conséquent, de même que, dans l'exemple ci-dessus, ceux qui ne sont pas habiles à manipuler leurs cailloux sont trompés par ceux qui savent s'en servir, ainsi en est-il pour 15 les arguments : ceux qui n'ont aucune expérience de la vertu significative des noms font de faux raisonnements, à la fois en discutant eux-mêmes et en écoutant les autres. Pour cette raison donc, et pour celles qui seront ultérieurement indi-quées[2], il existe et un syllogisme et une réfutation apparents et non réels. Et puisque certaines gens[3] trouvent leur avantage à 20 paraître sages plutôt qu'à l'être sans le paraître (car la Sophis-tique est une sagesse apparente mais sans réalité, et le sophiste, un homme qui tire un profit pécuniaire d'une sagesse appa-rente mais non réelle), il est clair qu'il leur est nécessaire aussi de paraître faire œuvre de sagesse, plutôt que de le faire réelle-ment sans le paraître. Et, pour comparer les choses une à une[4], 25 la tâche, en chaque chose, de celui qui sait, c'est de ne pas dire soi-même de mensonges au sujet de ce qu'il sait et de pouvoir démasquer celui qui en dit ; et cette double tâche consiste, l'une à pouvoir donner la raison des choses, et l'autre à pouvoir la

1. Les noms (et les définitions) sont en nombre plus limité que les choses qu'ils signifient. Il en résulte qu'un même nom (*chien*, par exemple) exprime plusieurs choses (l'animal aboyant, le poisson, la constellation). C'est le cas de tous les homonymes.

2. Chapitres 4 *sq.*

3. Aristote passe à l'examen de la cause pour laquelle la tromperie est pratiquée par les Sophistes.

4. Pour comparer l'un après l'autre les devoirs du vrai sage avec les devoirs du sophiste.

recevoir d'autrui [1]. Il en résulte nécessairement que ceux qui
veulent être sophistes doivent rechercher des arguments du
genre dont nous venons de parler [2] : cela pour eux en vaut la
30 peine, puisque c'est une capacité de cette sorte [3] qui fera
paraître sage, et c'est là ce qu'ils se trouvent précisément avoir
en vue.

Qu'ainsi [4] il y ait un tel genre d'arguments, et que ce soit
une capacité de ce genre que recherchent ceux que nous
appelons sophistes, c'est là une chose évidente. Quant à savoir
combien il y a d'espèces d'arguments sophistiques, quel est le
35 nombre des éléments dont ladite capacité est formée [5], c'est-
à-dire en combien de parties cette étude se trouve divisée et
quels sont les autres facteurs qui apportent leur contribution à
cet art, c'est ce que nous allons maintenant indiquer.

2
<Des différentes espèces d'arguments dans la discussion>

Il y a quatre genres d'arguments dans la discussion : les
arguments didactiques, dialectiques, critiques et éristiques.
165b – Sont *didactiques* les arguments qui concluent à partir des
principes propres à chaque discipline, et non des opinions de

---

1. *Dum sapiens rationem reddit, nec se, nec alios fallit; dum ratione ab alio prolata suscipit, non fallitur* (Pacius, I, 789).

2. Le sophiste *in his duobus disputationum generibus se exercere, id est, ne ipse videatur mentiri, et ut videatur alios mentientes redarguere : sic enim videbitur sapiens* (Pacius, II, 480).

3. À savoir, de garder l'apparence de la vérité.

4. Plan général.

5. C'est-à-dire, *unde sumantur captiones sophisticae* (Pacius, II, 481, qui remarque aussi que καὶ, l. 35, a le sens explicatif).

celui qui répond (car il faut que le disciple soit convaincu)[1];
sont *dialectiques* les arguments qui concluent, à partir de
prémisses probables, à la contradictoire de la thèse donnée[2];
critiques, ceux qui raisonnent à partir de prémisses qui
semblent vraies à celui qui répond[3], et que doit nécessairement 5
connaître celui qui se donne pour posséder la science (de quelle
façon, nous l'avons déterminé dans un autre traité)[4]; sont
éristiques, enfin, les arguments qui concluent, ou paraissent
conclure, à partir de prémisses, probables en apparence mais
qui en réalité ne le sont pas. – Les arguments démonstratifs ont
été discutés dans les *Analytiques*, et les arguments dialectiques 10
et critiques dans un autre traité[5]; parlons à présent des
arguments ligitieux et éristiques.

3
<Les cinq buts de l'argumentation sophistique>

Il faut d'abord bien voir quels sont les buts que se
proposent ceux qui luttent et qui s'étudient à vaincre dans les

1. *Qui discit non nisi ea ponere debet quae ipse probet et persuasa habeat,
quamquam qui docet, ut demonstratio quam conficere velit intelligatur ab eo
qui discat, argumentationem non ab iis incipere debet quae a discente concedantur ut probabilia, sed a veris scientiae quam tradere velit principiis : nam
vera doctrina non pendet ex probabilitate quadam et verisimilitudine proposi-
tionum, ex quibus demonstratio conficitur, sed e veritate principiorum, quibus
nititur omnis scientia quae demonstrationem admittit* (Waitz, II, 530-531).

2. Le dialecticien, du fait qu'il combat une thèse, conclut une proposition
contredisant cette thèse.

3. Et non pas à tout le monde, comme les arguments dialectiques. Les uns et
les autres arguments sont d'ailleurs traités dans les *Topiques*. – *Cf.* aussi *Meta.*,
Γ, 2, 1004b25.

4. *Top.*, VIII, 5. – Cf. *An. post.*, I, 1.

5. Les *Topiques*, I-VIII.

discussions. Ils sont au nombre de cinq[1] : la réfutation,
15 l'erreur, le paradoxe, le solécisme, et, en cinquième lieu, le fait
de réduire son contradicteur à un pur verbiage (c'est-à-dire de
le contraindre à répéter plusieurs fois la même chose) ; ou, dans
chacun de ces cas, c'est de poursuivre non pas la réalité mais
l'apparence. Ce que les Sophistes préfèrent en premier lieu,
c'est, en effet, de paraître réfuter l'autre partie ; puis, en second
lieu, de montrer que son adversaire commet quelque erreur ;
en troisième lieu, de le pousser au paradoxe ; en quatrième
20 lieu, de le réduire à un solécisme (c'est-à-dire, de faire celui
qui répond, en vertu de l'argument lui-même[2], employer une
expression incorrecte) ; et, en dernier lieu seulement, de lui
faire répéter plusieurs fois la même chose.

4
<*Réfutations* in dictione *et* extra dictionem
Réfutations in dictione>

Il y a deux types[3] de réfutations : les unes tiennent au
discours, les autres sont indépendantes du discours. – Les vices
25 qui produisent la fausse apparence d'un argument en dépen-

1. Étudiés respectivement dans les chap. 4-11, 12, 13 et 14.
2. L. 21, ἐκ τοῦ λόγου = διὰ τὸν λόγον τῷ ταῦτα εἶναι ἃ δέδωκεν ὁ
ἀποκρινόμενος. Cf. *infra*, 12, 172b34.
3. Cf. *Rhet.*, II, 24. Le début doit se comprendre ainsi (Waitz, II, 532) : *Vitia
quae in redarguendo admituntur aut in dictione sunt, quum verbis ita abutimur,
ut eadem non eodem semper sensu accipiamus, sed aliam sententiam ex iis
exprimamus quam quae ab adversario iis subjiciatur* (cf. 165a5), *aut non in
dictione*, etc.... Dans le premier cas, c'est une *prava verborum argumentatio*,
dans le second une *falsa argumentatio*.

dance du discours sont au nombre de six : ce sont l'homonymie,
l'amphibolie, la composition, la division, l'accentuation et la
forme de l'expression. Nous pouvons nous convaincre nous-
mêmes qu'il y en a bien six, à la fois par l'induction[1], et par la
preuve syllogistique (qui pourrait reposer aussi sur d'autres
données) que d'autant de façons qu'on vient de dire nous
pourrions ne pas signifier la même chose par les mêmes noms 30
ou expressions[2]. – À l'*homonymie*[3] se rattachent les arguments tels que les suivants : *Ce sont ceux qui savent qui
apprennent, puisque les grammairiens apprennent les choses
que leurs disciples leur récitent*[4]. Car *apprendre* est un terme
ambigu qui signifie à la fois *comprendre* par l'usage de la
science, et aussi *acquérir la science*. Autre exemple : *Les maux
sont des biens ; car les choses qui doivent être sont des biens, et* 35
les maux doivent être[5]. C'est que *ce qui doit être* a un double

1. Toutes les *fallaciae in dictione* que nous pourrons rencontrer se
ramèneront, en fait, aux six que nous avons énumérées.

2. *Cf.* Alexandre, 22, 7 *sq.* Waitz, II, 532, résume comme suit le syllogisme
esquissé par Aristote : *Quod iisdem verbis exprimitur sex modis duplicem interpretationem admittit ; vitia refutationis in dictione posita tot sunt, quot modis
eadem sententia duplicem interpretationem admittit ; ergo refutationis vitia in
dictione posita sex sunt.*

3. Ambiguïté des mots.

4. Le Sophiste demande : *est-ce ceux qui savent ou ceux qui ne savent pas,
qui apprennent ?* L'adversaire répond avec raison : *ce sont ceux qui ne savent
pas*. Le Sophiste réplique alors : *non, ce sont ceux qui savent* (ce qui est une pure
absurdité), puisque les maîtres, qui savent, *apprennent* de leurs disciples ce que
ceux-ci leur récitent. C'est que le verbe μανθάνειν signifie *comprendre*
(*intelligere*) aussi bien qu'*apprendre, acquérir la science* (*discere*).
L'équivoque est d'ailleurs la même en français (cf. *Euthydème*, 275d-276c).

5. Autre équivoque portant sur le verbe *devoir*. Le Sophiste dira que le mal
est un bien, car les choses qui *doivent* être faites sont des biens, et que les maux

sens : il signifie ce qui est inévitable, comme souvent c'est le cas pour les maux (car un mal de quelque sorte est inévitable), et nous disons d'autre part aussi des choses bonnes qu'elles *doivent* être. Autre exemple encore : *Le même homme est à la fois assis et debout, et il est à la fois malade et en bonne santé*[1] *:*

166a *car c'est celui qui s'est levé qui est debout, et c'est celui qui a recouvré la santé qui est en bonne santé ; or c'est l'homme assis qui s'est levé, et l'homme malade qui a recouvré la santé.* En effet, *l'homme malade fait telle ou telle chose* ou *subit telle ou telle chose,* n'a pas un sens unique : tantôt on entend par là *l'homme qui à présent est malade ou est assis,* et tantôt *l'homme qui était malade auparavant.* Il est exact que l'homme qui recouvrait la santé était l'homme malade, qui réellement était malade en même temps[2] ; mais l'homme qui est en bonne santé

5 n'est pas malade en même temps : il est *l'homme malade,* non pas au sens qu'il est malade à présent, mais au sens qu'il était malade auparavant. – À *l'amphibolie*[3] se rattachent des

---

doivent arriver. Il faut évidemment distinguer les deux sens du verbe δεῖν, qui indique soit la nécessité, soit l'obligation morale.

1. Propositions absurdes que le Sophiste va prouver par une confusion entre le passé et le présent : *celui qui se lève est debout ; or celui qui se lève est assis, puisqu'il se lève ; donc l'homme assis est debout.* D'autre part, *celui qui a recouvré la santé est en bonne santé ; or celui qui a recouvré la santé est malade, puisqu'il recouvre la santé ; donc l'homme en bonne santé est malade.* – En réalité, le participe *assis* et l'adjectif *malade* peuvent être également pris au présent et au passé. L'argument est sophistique en ce qu'il prend au présent (*est assis, est malade*) ce qu'il fallait prendre au passé (*était assis, était malade*).

2. L. 4, κάμνων – *dum aegrotaret,* et l. 5, ὁ κάμνων = *qui aegrotabat.* Autrement dit, il est certain qu'on recouvre la santé (*sanatur*) lorsqu'on est malade, et que celui qui recouvre la santé est malade ; mais le sain (*sanus*) est celui qui *a été* malade.

3. Ambiguïté, non plus du terme, mais de la phrase. Il est préférable de dire *amphibolie* qu'*amphibologie* (cf. A. Lalande, *Vocabulaire de la philosophie,* I,

exemples tels que ceux qui suivent : *Souhaiter pour moi la capture de l'ennemi*[1]. Et aussi : *Ne doit-il pas y avoir connaissance de ce qu'on connaît ?* car il est possible de signifier par cette expression à la fois que la connaissance appartient au sujet connaissant et qu'elle appartient à l'objet connu[2]. Et encore : *Ne doit-il pas y avoir vue de ce qu'on voit ? On voit la* 10 *colonne ; donc la colonne a la vue*[3]. Ou : *N'est-il pas vrai que ce que tu dis être, cela tu dis l'être ? Or tu dis une pierre être ; donc tu dis être une pierre*[4]. Ou : *N'est-il pas vrai qu'on peut dire des choses silencieuses ?*[5] car on peut vouloir dire ou bien que celui qui parle garde le silence, ou bien que les choses dont on parle sont silencieuses. Il y a trois manières d'argumenter tirées de ces homonymies et amphibolies : l'une, c'est quand 15 l'expression ou le nom a, au sens propre, plusieurs signifi-

p. 42). Les langues grecque et latine fournissent de nombreux exemples d'amphibolie, l'ordre des mots n'indiquant pas avec certitude lequel d'entre eux est sujet, et lequel est complément. *Cf.* aussi *Poet.*, 25, 1461a25.

1. *Velle capere me hostes* : on ignore s'il faut comprendre *hostes capere me* ou *me capere hostes*.

2. *Putasne quod quid cognoscit, hoc cognoscit ?* L'expression *hoc cognoscit* est équivoque. On peut vouloir dire : on a la connaissance de ce qu'on connaît (c'est la connaissance du sujet connaissant), ou bien : la chose qu'on connaît peut connaître (c'est la connaissance de l'objet connu).

3. Même sophisme. On peut comprendre : on a la vue de la colonne qu'on voit, ou : la colonne qu'on voit a la vue.

4. *Quod tu dicis esse, hoc tu dicis esse ; sed dicis saxum esse* (tu dis qu'une pierre est) ; *ergo tu saxum dicis esse* (tu dis que tu es une pierre). L'expression *hoc tu dicis esse* peut être prise tant à l'accusatif qu'au nominatif.

5. Cf. *Euthydème*, 300b-c. – L'expression τὸ σιγῶντα λέγειν veut dire, ou bien : celui qui parle garde le silence (absurdité), τὸν σιγῶντα jouant le rôle de sujet de λέγειν ; ou bien : parler de choses elles-mêmes silencieuses (τὰ λεγόμενα, l. 14 : sous-entendre σιγῶντα εἶναι), σιγῶντα jouant le rôle de complément de λέγειν.

cations, tel que ἀετός[1] et κύων; une autre, c'est quand nous
avons l'habitude d'employer ainsi ces noms ou ces expressions[2]; la troisième enfin, c'est quand les mots, pris en
composition, ont plusieurs sens, alors que, à l'état simple, ils
n'en ont qu'un : par exemple, *savoir les lettres*, car chacun de
20 ces termes peut, le cas échéant, n'avoir qu'un seul sens, *savoir*
et *les lettres*, tandis que tous deux ensemble ont plusieurs
sens, soit que les lettres elles-mêmes ont le savoir, soit que
quelqu'un d'autre a le savoir des lettres[3].

L'amphibolie et l'homonymie relèvent donc de ces modes
de discours. – À la *composition* se rattachent des exemples tels
que ceux qui suivent : *Il est possible qu'un homme marche tout
en étant assis, et qu'un homme écrive tout en n'écrivant pas.*
25 Car le sens n'est pas le même si on divise les mots, et si on les
prend en composition en disant qu'il est possible de marcher
tout en étant assis [et d'écrire tout en n'écrivant pas][4]. La
même remarque s'applique aussi à la dernière phrase, si on
prend en composition les mots *écrire tout en n'écrivant pas* : le
sens est alors qu'on peut, en même temps, écrire et ne pas

1. Qui signifie *aigle* ou *fronton*. Et *chien* (κύων) signifie à la fois l'animal
aboyant, le poisson et la constellation. Alexandre, 28, 7, donne encore comme
exemple κόραξ (*corbeau* ou *grappin*) et κλεῖς (*clef* ou *clavicule*).

2. Par métaphore : par exemple, nous disons *pied* ou *racine* d'une
montagne (Pacius, I, 792).

3. *Scire litteras*. Même équivoque (intraduisible) que l. 6 *supra* (*velle
capere me hostes*) : *litteras* peut être sujet ou complément.

4. Le sens n'est pas le même si le participe καθήμενον est joint avec le
verbe βαδίζειν (*posse aliquem ambulare sedentem*, ce qui est absurde), et si on
l'en sépare (*eum qui sedeat posse etiam ambulare*, ce qui est vrai). De même
pour μὴ γράφοντα γράφειν. – Nous rappelons que nous suivons le texte de
Strache-Wallies, qui présente d'assez notables différences avec celui de Bekker
et de Waitz.

écrire ; si, au contraire, on n'effectue pas la composition, le sens est que, quand on n'écrit pas, on a la capacité d'écrire. Autre exemple : *Il sait maintenant ses lettres, s'il les a apprises* [1]. Ou encore : *Si on peut porter une seule chose, on est capable aussi d'en porter plusieurs* [2].

À la *division* se rattachent les propositions que, *cinq étant deux plus trois, il est pair et impair, et en outre ce qui est plus grand est égal, puisqu'il est autant et quelque chose en plus* [3]. C'est que la même expression n'a pas, semblerait-il, toujours la même signification quand elle est divisée et quand elle est composée. Par exemple : *Je t'ai fait libre d'esclave* [4], et : *Le divin Achille laissa cinquante hommes de cent* [1].

---

1. Le syllogisme sophistique est le suivant. *Qui litteras scit nunc dedicit eas ; atqui Socrates scit litteras ; ergo nunc dedicit.* La *fallacia* est dans la majeure, où l'on joint *nunc* à *dedicit*, alors qu'il en doit être séparé. Car il est vrai que celui qui sait *nunc* a appris, mais il est faux que celui qui sait ait appris *nunc* (*cf.* Pacius, II, 484). – L. 31, nous supprimons, avec Pickard-Cambridge, les mots ἃ ἐπίσταται.

2. Cf. *Euthydème*, 294a. – Si on peut porter un poids de cent livres, on peut aussi en porter un autre de cent, et aussi un troisième et un quatrième. Donc, conclut le Sophiste, on peut porter un poids de quatre cents livres. Il est clair qu'on peut seulement porter ces charges séparément (*cf.* les arguments d'Eubulide de Mégare et de Diodore Kronos, dans Diogène Laërce, VII, Cicéron, *Acad.*, II, 49 et 96, et *de Divinibus*, II, 11 ; et consulter Brochard, *Les Sceptiques Grecs*, p. 130 : ce sont les célèbres arguments du *tas de blé*, du *chauve*, du *menteur* et du *cornu*).

3. Contrairement au cas de la composition, on divise ce qui doit être composé. Le sophisme est celui-ci : 5=2+3 ; or 2 est pair, et 3 impair ; donc 5 est à la fois pair et impair (absurdité). D'autre part, on conclut cette autre absurdité que ce qui est plus grand est égal à ce qu'il dépasse : 5 est plus grand que 2, mais, comme 5=2+3, en tant qu'il est 2 il est égal à 2.

4. Équivoque intraduisible. La phrase grecque (tirée peut-être de Ménandre ; *cf.* Térence, *Andria*, I, 1, 10 : *feci e servo ut esses libertus mihi*) peut signifier : d'esclave je t'ai fait libre, ou : de libre je t'ai fait esclave. On peut

166b   Un argument relevant de l'*accentuation* n'est pas facile à
construire dans des discussions non-écrites; mais dans des
discussions écrites et en poésie, c'est plus facile[2]. Par exemple,
certains corrigent Homère, pour répondre à ceux qui critiquent
5   le manque de naturel de son expression τὸ μὲν οὐ καταπύθεται ὄμβρῳ[3] : car ils résolvent la difficulté par un changement d'accent, en faisant "οὐ" oxyton. Autre exemple : dans le
passage relatif au songe d'Agamemnon, ils assurent que ce
n'est pas Zeus lui-même qui dit : *Nous lui accordons l'accom-*
plissement de sa prière, mais qu'il invitait le songe à le lui
accorder[4]. Tels sont donc les exemples qui se rattachent à
l'accentuation.

traduire en latin, avec Pacius, I, 793 : *ego te reddidi servum existentem liberum.*
Le sens est renversé suivant qu'on rattache *servum* ou *liberum* à *existentem.*

1. Intraduisible. En latin, on a : *Quinquaginta e viris centum liquit divus*
Achilles. Le sens change totalement suivant qu'on comprend *centum e quinqua-*
ginta viris (ce qui est absurde) ou : *quinquaginta e centum viris.* La source du
vers cité par Aristote est d'ailleurs inconnue (Bonitz, *Ind. arist.*, 131a4); peut-
être est-ce Homère, mais on ne voit pas bien à quel endroit (Waitz, II, 534).

2. Comme le rappelle judicieusement Pacius, I, 793, le grec archaïque
n'emploie pas d'accents, lesquels ne datent que du IIIe siècle avant J.-C.

3. *Iliade*, XXIII, 328. – Cf. *Poet.*, 25, 1461a25, où Aristote attribue la
correction à Hippias de Thasos. Tous les commentateurs admettent, avec
Michel d'Éphèse, que le texte non corrigé était οὗ. Mais, dit J. Hardy, dans son
apparat critique de la *Poétique, ad loc.* (p. 72 de l'édition Budé), *quem sensum*
praebeat οὗ, non video; suspicor Hippiam Thasium οὔ non ex οὗ sed οὐ ita
correxisse ut particula non ad καταπύθεται *sed ad* καταπύθεται ὄμβρῳ
pertineret.

4. L'ambiguïté consiste en ce qu'on écrit δίδομεν (*damus*) ou διδόμεν
(*dare*, infinitif ionien). – La référence n'est pas *Iliade*, II, 1-35 (le songe
d'Agamemnon, envoyé par Zeus), mais plutôt, semble-t-il, XXI, 297. Sur les
incertitudes de la référence, *cf.* Alexandre, 34, 4; Pacius, II, 485; Waitz, II,
533-534.

Quant aux arguments relevant de la *forme du discours*, ils 10
ont lieu quand ce qui n'est pas la même chose s'exprime dans la
même forme[1] : par exemple, le masculin comme le féminin, ou
le féminin comme le masculin, ou le neutre comme l'un ou
l'autre ; ou encore, la qualité comme la quantité, ou la quantité
comme la qualité, ou l'actif comme le passif, ou l'état comme
l'actif, et ainsi de suite, avec les autres divisions précédemment posées[2]. Car il peut se faire que ce qui n'appartient pas, 15
par exemple, à la catégorie de l'action soit exprimé dans le
discours comme appartenant à la catégorie de l'action : ainsi *se
bien porter* est un terme qui, dans la forme de son expression,
ressemble à *couper* et à *construire* ; pourtant le premier verbe
exprime une certaine qualité, c'est-à-dire une certaine disposition, et les deux autres une certaine action. Et de même aussi
pour tout le reste.

Les réfutations relevant du discours sont donc tirées de ces 20
lieux[3]. – Pour les paralogismes indépendants du discours, il
y en a sept espèces : premièrement, en raison de l'accident ;
secondement, quand une expression est prise au sens absolu ou
non-absolu, mais sous un certain aspect, ou en considérant
le lieu, ou le temps, ou la relation ; troisièmement, en raison
de l'ignorance de la réfutation ; quatrièmement, en raison de
la conséquence ; cinquièmement, en raison de la pétition de 25

1. *Si quid propter formae qua exprimitur similitudinem non ad eam
categoriam referatur cui revera subjectum sit, sed ad aliam cujus externam
speciem prae se ferat* (Waitz, II, 534).

2. *Top.*, I, 9 (et non pas, semble-t-il, *Cat.*). *Cf.* Waitz, *ibid.*

3. L. 20, nous lisons τῶν τόπων, au lieu de τρόπων. – Ce dernier paragraphe est rattaché, avec raison, par beaucoup de commentateurs, au chapitre
suivant. Nous suivons cependant la division de Bekker, adoptée par Strache-
wallies et Pickard-Cambridge.

principe; sixièmement, c'est de poser comme cause ce qui n'est pas cause; et septièmement, c'est de réunir plusieurs questions en une seule.

5
<Réfutations extra dictionem>

Les paralogismes, donc, qui relèvent de l'*accident* ont lieu quand on croit qu'un attribut quelconque appartient de la même façon à la chose et à son accident[1]. En effet, puisque la même chose possède plusieurs accidents, il n'y a aucune nécessité que tous les mêmes attributs appartiennent à tous les prédicats d'une chose et en même temps à leur sujet[2]. Ainsi : *Si Coriscus est autre chose qu'homme, il est autre que lui-même,*

---

1. Est sophistique le raisonnement qui attribue au sujet lui-même tout ce qui est affirmé de son prédicat, ou *vice versa* (l. 29, τῷ πράγματι, et l. 31, καθ᾽ οὗ κατηγορεῖται = τῷ ὑποκειμένῳ, et, dans tout le paragraphe, τὸ συμβεβηκός a le sens général de κατηγορούμενον et désigne tout prédicat, qu'il soit essentiel ou non : *cf.* Alexandre, 37, 22). Tel serait le raisonnement suivant (Alexandre) : *Socrate est blanc ; or le blanc est une couleur dissociante de la vue ; donc Socrate est une couleur dissociante de la vue.*

2. Un sujet a plusieurs attributs. Par suite, sous peine d'identifier tous ces attributs, tout ce qui est affirmé de chacun d'eux n'appartient pas nécessairement au sujet. Par exemple, *Coriscus* a pour attribut *homme*, et *homme* a pour attribut *être autre que Coriscus* (lequel se distingue de l'homme, comme le singulier de l'universel) : on n'en saurait conclure, comme le font les Sophistes, que *être autre que Coriscus* est un attribut de *Coriscus*, de telle sorte que *Coriscus* serait autre que lui-même (*cf.* Alexandre, 39, 1 *sq.*). Même raisonnement pour l'exemple de Socrate, qui suit (l. 33-36) : *Socrate est un homme ; Coriscus est autre que Socrate ; donc Coriscus est autre chose qu'un homme.* L. 32, nous adoptons la correction de Casaubon, et lisons ταὐτά au lieu de ταῦτα.

car il est un homme. Ou bien : *Si Coriscus est autre que Socrate, et si Socrate est un homme, alors,* disent les Sophistes, *on a admis que Coriscus est autre chose qu'homme, parce* 35 *qu'il arrive ainsi*[1] *que ce dont on a dit que Coriscus est différent est un homme.*

Les paralogismes qui tiennent à la question de savoir si une expression est employée *au sens absolu, ou sous un certain aspect* excluant son sens propre, ont lieu quand une expression employée particulièrement est prise comme employée absolument[2]. Tel est l'argument : *Si le non-être est objet d'opinion, le* 167a *non-être est.* Car ce n'est pas la même chose d'être telle chose et d'être absolument. Ou encore : *Ce qui est n'est pas, s'il n'est pas une espèce particulière d'être, par exemple s'il n'est pas un homme*[3]. Car ce n'est pas la même chose de n'être pas telle chose et de n'être pas absolument : mais cela paraît être la même chose, en raison de la ressemblance étroite des deux 5 expressions, autrement dit de ce qu'il n'y a qu'une légère différence entre *être telle chose* et *être* absolument, entre *ne pas être telle chose* et *ne pas être.* De même encore pour les arguments qui roulent sur le point de savoir si une expression est employée sous un certain aspect ou employée absolument. Par exemple : *Supposons qu'un Indien soit tout entier noir, mais blanc en ce qui concerne les dents ; il est donc à la fois*

---

1. *Accidit.*

2. C'est le sophisme *a dicto secundum quid ad dictum simpliciter,* ou *vice versa.* – Si je dis que le non-être est objet d'opinion, je ne dis pas que le non-être *est* ἁπλῶς, mais qu'il est πῇ, c'est-à-dire objet d'opinion cf. *de Int.,* 11, 21a33. – L. 38, τὸ ἐν μέρει = τὸ εἶναί τι.

3. C'est un paralogisme que de dire que le cheval *n'est pas* parce qu'*il n'est pas un homme.*

blanc et non-blanc. Ou encore, si les deux attributs[1] appartiennent au sujet sous un certain aspect, les Sophistes disent alors
que les contraires appartiennent en même temps au même
10 sujet. Tout le monde peut facilement constater dans certains
cas un paralogisme de ce genre : par exemple, si, ayant posé
que l'Éthiopien est noir, le Sophiste demandait s'il est blanc en
ce qui concerne les dents ; et alors si l'Éthiopien est blanc sous
cet aspect, il croirait avoir prouvé dialectiquement qu'il est à la
fois blanc et noir, en arrivant à la fin de son interrogation[2]. Par
contre, dans certains cas, ce paralogisme passe souvent inaperçu : c'est dans tous les cas où, quand la chose est prise sous
15 un certain aspect, il semblerait aussi que le sens absolu peut
s'ensuivre[3] ; et aussi dans tous les cas où il n'est pas facile de
voir lequel des attributs doit être donné au sens propre. Une
situation de ce genre se produit là où les opposés sont attri-
bués à titre égal au sujet ; il semble bien, en effet, qu'il faille
accepter, d'une façon absolue, ou bien tous les deux ensemble,
ou bien ne les accepter ni l'un ni l'autre : par exemple, si une
20 chose est à moitié blanche et à moitié noire, est-elle blanche ou
noire[4] ?

---

1. Par exemple, le blanc et le noir pour l'Éthiopien.

2. *Cf.* Alexandre, 42, 23.

3. On prouvera, par exemple, qu'un même homme peut prêter en même
temps un vrai serment et un faux serment. En effet, dira le Sophiste, celui qui
a juré de prêter un faux serment et qui l'a prêté a fait un vrai serment. Donc il a
à la fois fait un vrai serment et un faux serment. En réalité, son vrai serment
a porté κατὰ τί et non ἁπλῶς, mais on ne s'en aperçoit pas du premier coup
(Alexandre, 42, 31).

4. Il n'était pas douteux que malgré ses dents blanches, l'Éthiopien est noir.
Mais si une chose est, à partie égale, noire et blanche, le paralogisme qui conclut
que la chose est à la fois blanche et noire est plus difficile à déceler : il n'y a

D'autres paralogismes se produisent parce qu'*on n'a pas défini ce qu'est la preuve ou la réfutation*, et parce qu'on a laissé échapper quelque chose dans leur définition[1]. La réfutation, en effet, consiste à contredire l'attribut lui-même, et qui soit exactement le même non seulement par le nom mais par la chose ; et il ne saurait s'agir d'un nom qui soit simplement synonyme, il faut que ce soit le même nom ; et la contradiction doit partir en outre des propositions concédées, et ce d'une façon nécessaire, sans faire entrer en ligne de compte la proposition initiale à prouver ; le tout, sous le même aspect, selon la même relation, de la même façon et dans le même temps que la conclusion à réfuter. – On doit s'y prendre de la même façon pour définir la fausse réfutation de quelque chose[2]. Certains, en effet, omettant de remplir l'une des conditions dont nous venons de parler, ne donnent qu'une réfutation apparente : ils

aucune raison de dire que la chose est blanche plutôt que noire, ou noire plutôt que blanche.

1. *Ignoratio elenchi*. – L. 13-27, Aristote énumère les conditions requises pour un *elenchus* véritable et non sophistique. L'*elenchus* est une contradiction (une affirmation, si la conclusion de l'adversaire est négative ; une négation, si la conclusion est affirmative) de l'attribut affirmé par la fausse conclusion, et qui doit être pris sous son nom et non pas sous un synonyme (si l'adversaire a parlé de *manteau*, il ne faut pas argumenter contre *vêtement*) ; il faut en outre partir des propositions concédées par l'adversaire, en déduire nécessairement la conséquence, et ne pas utiliser la proposition même à démontrer (autrement dit, éviter la pétition de principe) ; respecter enfin toutes les autres conditions de relation, de temps, etc.... En un mot, l'*elenchus*, pour être véritable, doit être rigoureusement calqué sur le raisonnement de l'adversaire (Alexandre, 43, 20, développe longuement ces conditions).

2. L'inobservation de l'une ou de plusieurs des conditions qui viennent d'être énumérées donne naissance à un *elenchus* sophistique, purement apparent. – L. 28, nous remplaçons δέ par γαρ (*cf.* Alexandre, 46, 12, qui autorise cette modification).

prouvent, par exemple, que la même chose est à la fois double
30 et non-double, parce que *deux* est le double de *un*, et n'est pas le
double de *trois*[1]. Ou encore, ils montrent que la même chose
est à la fois double et non-double de la même chose, mais non
toutefois qu'elle l'est sous le même aspect : car elle est double
en longueur, mais elle n'est pas double en largeur. Ou encore,
ils montrent que la même chose est à la fois double et non-
double de la même chose, sous le même aspect et de la même
façon, mais non qu'elle l'est dans le même temps. Aussi leur
35 réfutation n'est-elle qu'apparente. – On arriverait à faire rentrer
ce vice dans le groupe de ceux qui relèvent du discours[2].

Les réfutations qui tiennent à la *pétition de principe* se
produisent de la même manière et d'autant de façons qu'on
peut commettre une pétition de principe[3] : elles réfutent en
apparence, du fait qu'on est dans l'incapacité d'embrasser
dans un seul regard ce qui est le même et ce qui est différent.

167b   La réfutation qui tient au *conséquent* a lieu parce qu'on
suppose la relation de la conséquence réciprocable. En effet,
étant posé que si *A* est, *B* nécessairement est, on suppose alors
aussi que si *B* est, *A* nécessairement est. C'est là aussi la source
des erreurs qui accompagnent l'opinion basée sur la perception
5 sensible. Car souvent on a pris la bile pour le miel parce que le

---

1. La règle τοῦ αὐτοῦ καὶ ἑνός, l. 23, n'est pas respectée.

2. En raison des conditions *in dictione* figurant dans la définition de
l'elenchus, donnée plus haut.

3. Sur la pétition de principe, cf. *An. prior* II, 16, 64b28; *Top.*, VIII, 13,
162b31, et nos notes. – On est trompé par une pétition de principe du fait qu'on
ne sait pas suffisamment distinguer ce qui est le même et ce qui est différent :
*non intelligunt enim id ipsum quod concedant idem esse quod demonstrandum
sit, sed quod concedunt ab eo quod demonstrandum sit reapse diversum esse
opinantur* (Waitz, II, 536).

miel s'accompagne toujours de couleur jaunâtre ; et comme il
arrive qu'après la pluie le sol devient humide, nous supposons
que si le sol est humide, c'est qu'il a plu : alors qu'il n'y a rien là
de nécessaire. – Dans la Rhétorique, les démonstrations tirées
du signe sont fondées sur les conséquences. Quand, en effet, 10
les rhétoriciens veulent prouver qu'un homme est adultère,
ils prennent la conséquence d'une vie adultère, à savoir que
l'homme se pare ou qu'on l'aperçoit errer nuitamment ; et
pourtant, il y a bien des gens auxquels ces caractères s'appliquent, alors que l'attribut en question ne leur appartient pas.
– Il en est de même dans les discussions syllogistiques[1] : par
exemple, l'argument de Mélissus que l'Univers est éternel,
pose, d'une part, que l'Univers est inengendré (car du non-être
rien ne peut naître), et que, d'autre part, ce qui a été engendré a 15
été engendré à partir d'un commencement ; si donc l'Univers
n'a pas été engendré, il n'a pas de commencement, et il est par
suite éternel[2]. Mais cette conséquence n'est pas nécessaire :
car même si tout ce qui a été engendré a un commencement, il
ne s'ensuit pas qu'aussi ce qui a un commencement a été

---

1. En philosophie et dans les sciences.

2. Aristote critique en détail l'argument de Mélissus dans *Phys.*, I, 2 et
suivants. Dans le présent passage, il s'agit d'une pure discussion dialectique.
L'argument de Mélissus est le suivant (*cf.* fragment 2, Diels, et Simplicius,
Phys., 103, 13 Diels) : *l'Univers est inengendré ; l'inengendré n'a pas de
commencement ; ce qui n'a pas de commencement est éternel* (ἄπειρον, *infini
dans le temps*) ; *donc l'Univers est éternel*. À cela Aristote réplique : il est vrai
que tout ce qui a été engendré a un commencement ; mais il n'en résulte pas que
tout ce qui a un commencement a été engendré, car la proposition universelle
affirmative ne se convertit pas en universelle, mais en particulière (cf. *An. prior*,
I, 2, 25a7). Le raisonnement de Mélissus est donc incorrect en ce qu'il conclut
a positione consequentis ad positionem antecedentis.

engendré, pas plus qu'il ne s'ensuit que si un homme qui a la
20 fièvre a chaud, un homme qui a chaud doit avoir la fièvre.

La réfutation qui tient à ce qu'*on prend comme cause ce qui
n'est pas cause* [1] a lieu quand on fait entrer dans l'argument une
fausse cause, comme si la réfutation en dépendait. Ce vice se
présente dans les raisonnements qui conduisent à l'impossible : car, dans ces raisonnements, il faut nécessairement
détruire l'une des prémisses posées. Si donc la fausse cause
25 entre comme cause en ligne de compte dans les questions
qui sont nécessaires pour établir la conclusion impossible, il
semblera souvent que la réfutation dépend de cette fausse
cause : tel est le cas pour la preuve que l'âme et la vie ne sont
pas la même chose. Si, en effet, la génération est contraire à la
corruption, alors une forme particulière de génération sera
contraire à une forme particulière de corruption ; or la mort est
une forme particulière de corruption, et elle est contraire à la
30 vie ; par conséquent, la vie est une génération, et vivre, c'est
être engendré [2] ; or c'est là une impossibilité ; donc l'âme et la
vie ne sont pas la même chose. Mais cette proposition n'est pas
prouvée [3] : car l'impossibilité se produit même si on ne dit pas

---

1. Paralogisme *non causa pro causa*, ou *post hoc, ergo propter hoc* : c'est
prendre un simple antécédent pour la cause. Cf. *An. prior*, II, 17, 65a38, où
Aristote renvoie au présent passage.

2. Conclusion absurde, permettant au sophiste de conclure *a contrario* que
l'âme et la vie ne sont pas la même chose.

3. *Nam eadem plane quam modo fecimus deductio ad absurdum locum
habere poterit, etiam si adversarius minime contendat id quod per illam
deductionem redargui perhibetur, idem esse vitam et animam, ut neminem
per illam deductionem redargui appareat : haec enim ut fiat, non dandum est
idem esse vitam et animam (quamquam qui vere deducit ad absurdum pro vero
semper sumere debet id quod repugnat propositioni quam ipse demonstraturus*

que la vie est la même chose que l'âme, mais si on dit seulement que la vie est contraire à la mort, laquelle est une forme de
corruption, et que la génération est contraire à la corruption.
Ainsi, les arguments de ce genre, tout en n'étant pas absolument impuissants pour conclure, sont cependant impuissants
pour mener à la conclusion proposée. Et c'est là un point 35
qui échappe souvent même à ceux-là mêmes qui posent les
interrogations.

Tels sont donc les arguments qui tiennent au conséquent et
à la fausse cause. – Les arguments qui viennent de ce qu'*on
réunit deux questions en une seule* ont lieu quand la pluralité
passe inaperçue, et qu'on donne une seule réponse comme s'il
n'y avait qu'une seule question. Dans certains cas, il est facile 168a
de voir qu'il y en a plus d'une et qu'il ne faut pas donner de
réponse. Par exemple : *La terre est-elle mer, ou est-ce le ciel ?*
Par contre, dans certains cas, cela est moins facile, et on traite
l'interrogation comme si elle était unique : et alors, ou bien
on donne son assentiment, du fait qu'on ne répond rien à
l'interrogation posée, ou bien on paraît avoir été réfuté[1]. Par
exemple : *Est-ce que A et B est un homme ? – Oui. – Alors, si on* 5
frappe A et B, on frappera un homme et non des hommes. Ou
encore, pour les choses dont les unes sont bonnes, et les autres
mauvaises : *Toutes sont-elles bonnes ou mauvaises ?* car, quoi
qu'on dise, on risque de paraître s'exposer à une apparente
réfutation, ou de commettre une apparente erreur : dire, en
effet, que parmi les choses qui ne sont pas bonnes telle chose 10

est), *dummodo concedantur ad deauctionem conficiendam ea quae supra
proposuimus de vita et morte, de generatione et interitu* (Waitz, II, 537).
   1. Si on ne répond rien, on accorde par son silence ce que l'adversaire
demande, et, si on répond, la réfutation du Sophiste, bien qu'apparente, sera
assurée (*cf.* Alexandre, 53, 26).

est bonne, ou que parmi les choses qui sont bonnes telle chose
n'est pas bonne, c'est une erreur. Parfois cependant, l'assentiment à des questions supplémentaires peut donner naissance
à une réfutation véritable : c'est le cas, par exemple, si on a
admis que plusieurs choses sont dites blanches, nues ou
aveugles, de la même façon qu'une seule l'est dite [1]. Car si
aveugle désigne l'être qui n'a pas la vue qu'il devrait naturellement avoir, seront aussi *aveugles* les êtres qui n'ont pas la
15 vue qu'ils devraient naturellement avoir. Quand donc un être
a la vue et qu'un autre ne l'a pas, ils seront soit tous deux
voyants, soit tous deux aveugles ; ce qui est impossible.

6
*<Réduction des paralogismes à l'*ignoratio elenchi>

Ou bien donc, c'est de la façon que nous avons indiquée
qu'il faut diviser les preuves apparentes et les réfutations apparentes, ou bien alors il faut les ramener toutes à l'ignorance
de la réfutation et faire de celle-ci le principe de tous les
sophismes : car il est possible de faire rentrer tous les modes
20 que nous avons décrits dans une ignorance de la définition de
la réfutation. – En premier lieu, nous devons voir s'ils sont
impuissants pour conclure : car la conclusion doit résulter des
prémisses posées, de telle sorte qu'on l'en tire nécessairement

---

1. *Cf.* Alexandre, 54, 7 : ὁ ἐφ' ἑνός, τοῦτο καὶ ἐπὶ πολλῶν. Car *latent
multa in hac una concessione… Quare si praeter id quod vivendi facultatem
non habeat assumatur aliud quid quod videndi facultatem habeat, quum de
multis valere concessum sit quod de uno recte dicatur, ambo caeca erunt, aut si
praeter id quod vivendi facultatem habeat assumatur aliud quod non habeat,
ambo videntia esse colligetur, quod absurdum est* (Waitz, II, 537).

et non seulement qu'on paraisse l'en tirer[1]. Ensuite, nous devons aussi prendre la définition de la réfutation partie par partie[2]. En effet, parmi les paralogismes qui tiennent au discours, les uns viennent d'un double sens, par exemple l'homonymie, l'ambiguïté de l'expression et la similitude de forme (car nous avons l'habitude de prendre chaque chose comme signifiant une substance déterminée), tandis que les paralogismes tenant à la division et à l'accentuation[3] viennent

25

---

1. Tous les sophismes pèchent contre la définition de l'*elenchus*. En effet, l'*elenchus* véritable est un syllogisme de la contradiction : donc tout sophisme, qui ne conclut pas (et qui n'est donc pas un syllogisme) mais qui paraît seulement conclure, ou qui ne conclut pas la véritable contradiction, n'est pas un *elenchus*, et par suite est une *ignoratio elenchi*. Or tous les sophismes pèchent de l'une ou de l'autre façon : ou bien ils ne concluent pas du tout, ou bien ils ne concluent pas la proposition en question.

2. Et montrer que chacune des *fallaciae* (*in dictione*, puis *extra dictionem*) pèche contre l'une des parties de la définition de l'*elenchus*. – En ce qui concerne les *fallaciae in dictione* (l. 23-26), qui sont l'homonymie (ambiguïté des termes; cf. *supra*, 4, 165b30), l'amphibolie (ambiguïté de l'expression; *cf.* 4, 166a6. – L. 25, ὁ λόγος, *intelligere* ὁ διττός) et la forme du discours (*cf.* 4, 166b10) : l'erreur provient παρὰ τὸ διττόν (car, et c'est le sens de la parenthèse des l. 25-26, *non plura sed unum aliquid quod per se consistat una oratione verbis iisdem manentibus significari solet*, Waitz, II, 538). Ces paralogismes pèchent ainsi contre la règle de l'*elenchus* véritable, qui veut qu'on procède ἐκ τῶν κειμένων : car on ne prend pas au même sens les propositions concédées par lesquelles on veut réfuter l'adversaire.

3. *Fallaciae extra dictionem*, étudiées *supra*, 4, 166a23, 33, et 167b1. Les *fallaciae* de la composition et de la division tiennent au fait que celui qui réfute ne prend pas la même proposition complète que celle qu'a concédée l'adversaire (τῷ... λόγον, l. 27), et la *fallacia* de l'accentuation a ce qu'on emploie un terme qui n'a pas le même accent (ἢ τὸ ὄνομα τὸ διαφέρον, l. 28). La règle de l'*elenchus* violée par ces derniers paralogismes est donnée dans les l. 28 *sq.*, avec lesquelles on peut comparer *supra*, 5, 167a23 : il faut qu'il y ait identité

de ce que l'expression employée n'est pas la même que celle
concédée par l'adversaire, ou que n'est pas le même le terme
qui reçoit une accentuation différente. Or expression ou terme
devrait être le même, comme il faudrait aussi que la chose fût
la même, si l'on veut qu'il y ait réfutation ou preuve. Par
30 exemple, si c'est *manteau* qui est en question, il faut conclure
non pas *vêtement*, mais *manteau* : car, bien que la conclusion
portant sur *vêtement* puisse aussi être vraie, pourtant elle n'a
pas été prouvée : il faut encore une interrogation supplémentaire pour montrer que la signification est la même, en vue de
satisfaire celui qui demande pourquoi on conclut ainsi[1].

Les paralogismes qui relèvent de l'accident rentrent
manifestement, en vertu de la définition du syllogisme, dans
35 l'ignorance de la réfutation. Il faut, en effet, que la même définition s'applique aussi à la réfutation, avec cette seule différence qu'on y ajoute *la contradiction*, puisque la réfutation est
un syllogisme de la contradiction[2]. Si donc il n'y a pas de
syllogisme de l'accident, il n'y a pas de réfutation : en effet, si
A et *B* étant, il y a nécessité que *C* soit, et si *C* est blanc, il n'y a
aucune nécessité pour *C* d'être blanc en vertu du syllogisme[3].

absolue d'expression et de terme, même au point de vue de l'accent, entre
l'argument de l'adversaire et l'*elenchus* (*cf.* Waitz, II, 538-539).

1. L. 23, διὰ τι = *propter quia infertur talis conclusio* (S. Maurus, I, 620),
pourquoi on conclut *vêtement* au lieu de *manteau*. Il faut prouver évidemment
que le sens des deux termes est identique.

2. La réduction du sophisme *ex accidente* à *l'ignoratio elenchi* se fait en
partant de la définition de la preuve (ou du syllogisme). Le syllogisme se
définit, en effet, comme un raisonnement qui part de prémisses données pour en
tirer une conclusion nécessaire (cf. *supra*, 1, 164b27), et la réfutation a la même
définition, habile dans un art ou une science, et ignorer les règles élémentaires
de la discussion.

3. Car *C* n'est blanc que par accident, ce qui ne découle pas du syllogisme.

De même encore, si le triangle a ses angles égaux à deux droits, **168b**
et si c'est par accident qu'il est une figure, ou un élément
premier, ou un point de départ, ce n'est pas parce qu'il est une
figure, ou un point de départ, ou un élément premier, qu'il
a ce caractère : car la démonstration prouve la propriété en
question, non en tant que le triangle est une figure, ou en tant
qu'il est élément premier, mais en tant qu'il est un triangle[1]. Et
de même aussi dans les autres cas. Si donc la réfutation est une
espèce du syllogisme[2], un argument qui procède par accident 5
ne saurait être une réfutation. De là[3] vient cependant que les
gens expérimentés et, d'une façon générale, les hommes de
science sont réfutés par les ignorants[4] : car ce sont des raisonnements par accident que font ces derniers contre ceux qui
savent ; et ceux qui savent, s'ils sont dans l'incapacité de faire
la distinction[5], ou bien accordent ce qui leur est demandé[6], ou
bien, tout en ne l'ayant pas accordé, sont supposés l'avoir 10
accordé[7].

　　Les réfutations qui tiennent à ce que quelque chose est
dit sous un certain aspect ou dit absolument <rentrent dans

---

　　1. Le triangle n'est une figure, ou un principe, ou un élément premier, que
par accident. Or la démonstration établit que la propriété *avoir ses trois angles
égaux à deux droits* appartient au triangle en tant que tel. Toute autre conclusion
est étrangère aux prémisses.

　　2. C'est un συλλογισμὸς ἀντιφάσεως.

　　3. C'est-à-dire διὰ τὸ ἀγνοεῖν τὸν κυρίως ἔλεγχον (Alexandre, 60, 23).

　　4. Ou, plus précisément (comme l'indique Alexandre, 60, 25), *semblent*
réfutés par les Sophistes.

　　5. La distinction entre ce qui est par soi, et l'accident. – On peut être habile
dans un art ou une science, et ignorer les règles élémentaires de la discussion.

　　6. Et paraissent ainsi réfutés par leurs adversaires.

　　7. Par leur silence.

l'*ignoratio elenchi*>[1], parce que l'affirmation et la négation ne portent pas sur la même chose[2]. En effet, *blanc par certain côté* a pour négation *non-blanc par certain côté*, tandis que *blanc absolument* a pour négation *non-blanc absolument*. Si donc, alors qu'il a été seulement donné qu'une chose est blanche par certain côté, on la prend comme ayant été dite
15 blanche absolument, on ne fait pas une réfutation, mais on paraît seulement la faire par suite de l'ignorance de ce qu'est la réfutation.

Mais les cas les plus clairs parmi tous les paralogismes sont ceux que nous avons précédemment indiqués[3] comme se rattachant à la définition de la réfutation; et c'est d'ailleurs pourquoi on leur a donné ce nom. En effet, l'apparence de la réfutation vient d'un défaut dans la définition de la réfutation,
20 et si nous divisons les paralogismes comme nous l'avons fait, nous devons poser le défaut dans la définition de la réfutation comme étant le vice commun à eux tous.

Les paralogismes qui viennent de la pétition de principe, et ceux qui viennent de ce qu'on prend pour cause ce qui n'est pas cause, sont manifestement des cas d'ignorance de la réfutation, en vertu de la définition même du syllogisme[4]. En effet, il faut que la conclusion ait lieu *par le fait même des prémisses*[5], ce
25 qui n'arrive pas avec des prémisses qui ne sont pas causes; et,

---

1. *Cf.* Waitz, II, 539.
2. La conclusion à combattre et la contradiction portée par *l'elenchus* ne portent pas sur la même chose : l'ἀντίφασις n'est donc qu'apparente.
3. 5, 167a21-35. – L'*ignoratio elenchi*, comme son nom l'indique (l. 18), est le cas le plus clair de l'ignorance des conditions dont dépend un *elenchus* correct : il n'y a pas besoin de procéder ici à la réduction.
4. De la preuve.
5. *An. prior*, I, 1, 24b18. – Citation textuelle.

en outre, *qu'on ne fasse pas entrer en ligne de compte la proposition initiale à prouver*[1], ce qui n'est pas le cas pour les paralogismes tenant à la pétition de principe.

Ceux qui dépendent du conséquent sont une partie de ceux qui dépendent de l'accident ; car le conséquent est un accident, mais il diffère de l'accident en ce que l'accident s'applique à un unique sujet seulement[2] (par exemple, on affirme l'identité du jaunâtre et du miel, du blanc et du cygne), tandis que le conséquent est toujours dans plusieurs sujets[3] : en effet, nous admettons que les choses qui sont identiques à une seule et même chose sont aussi identiques l'une avec l'autre, et c'est la source de la réfutation tenant au conséquent. Or cela n'est pas vrai dans tous les cas, dans le cas, par exemple, où on dit que *A* et *B* sont la même chose que *C* par accident : car, à la fois, la neige et le cygne sont les mêmes que le blanc. C'est encore ce qui arrive dans la définition de Mélissus, où on pose l'identité de *avoir été engendré* et *avoir un commencement* ; ou pour

1. *Supra*, 5, 167a25. – Citation textuelle.

2. *Cf.* Alexandre, 62, 18 : ὁ σοφιστὴς τὸ συμβεβηκὸς καὶ τὸ ὑποκείμενον ὡς ἓν καὶ ταὐτὸν λαμβάνει καὶ μίαν φύσιν οἴεται ἑκατέοων (Voir aussi la paraphrase de Waitz, II, 540). Dans le sophisme *ex accidente*, nous disons, par exemple, que le jaunâtre se convertit avec son sujet, le miel, et nous identifions jaune et miel (un seul attribut et un seul sujet).

3. Nous identifions par conversion le jaunâtre avec le miel et la bile (un seul attribut et deux sujets), et nous en concluons que le miel et la bile sont identiques. Or cette identification des deux sujets, opérée par la réfutation véritable, n'est pas vraie dans tous les cas (l. 33), quand, par exemple, l'attribut n'est qu'accidentel : le cygne est blanc, la neige est blanche, et ils sont ainsi identiques au blanc, et pourtant le cygne n'est pas la neige. C'est là une *fallacia consequentis*. Il en est de même pour l'argument de Melissus (cf. *supra*, 5, 167b13), car il n'y a pas identité entre le fini et l'engendré, du fait que l'un et l'autre ont un commencement.

devenir égal et *prendre la même grandeur*. Car, de ce que ce
qui a été engendré a un commencement, Mélissus prétend
qu'aussi ce qui a un commencement a été engendré, sur cette
idée que les deux notions, à la fois ce qui a été engendré et ce
40 qui est fini, sont identiques par le fait que chacune d'elles a un
commencement. De même encore, pour les choses qui devien-
169a nent égales, on suppose que si les choses qui prennent une
seule et même grandeur deviennent égales, alors aussi les
choses qui deviennent égales prennent une seule grandeur, de
sorte qu'on pose le conséquent. – Puis donc que la réfutation
tenant à l'accident consiste dans l'ignorance de la réfutation, il
est clair aussi qu'il en est de même pour la réfutation tenant au
5 conséquent[1]. Nous avons encore à examiner cela d'une autre
façon[2].

Les paralogismes qui viennent de ce qu'on réunit plusieurs
questions en une seule ont lieu faute par nous de disséquer la
définition de *proposition*[3]. En effet, la proposition énonce un
seul prédicat d'un seul sujet : car c'est la même définition qui
définit une unique chose seulement et la chose simplement,
10 l'homme par exemple et un unique homme seulement ; et ainsi
de suite. Si donc une proposition unique est celle qui énonce un
seul attribut d'un seul sujet, une proposition prise simplement

1. Puisque nous venons de dire que le conséquent est un accident.
2. Chapitres 24 et 28, *infra*.
3. Le sophisme consistant à réunir plusieurs questions en une seule pèche
contre l'unité essentielle de la proposition, qui est une énonciation exprimant
un seul prédicat d'un seul sujet (cf. *de Int.*, 8, 18a14, et *An. prior*, I, 1, 24a26), et
comme la proposition est un élément de l'*elenchus*, il en résulte que le présent
sophisme se réduit aussi à l'*ignoratio elenchi*.

sera aussi une interrogation de cette espèce[1]. Et puisque le syllogisme part de propositions, et que la réfutation est un syllogisme, la réfutation partira aussi de propositions. Si donc la proposition énonce un seul prédicat d'un seul sujet, il est clair que ce paralogisme consiste aussi dans l'ignorance de la réfutation : car ce qui, en fait, n'est pas une proposition, semble être une proposition. Si donc on a donné une réponse comme pour une seule interrogation, il y aura réfutation ; tandis que si on ne l'a pas donnée en réalité, mais seulement en apparence, il n'y aura qu'une apparente réfutation.

Conclusion : tous les types de paralogisme tombent sous l'ignorance de la réfutation, les uns (ceux qui tiennent au discours) parce que la contradiction, qui est, avons-nous dit, le caractère propre de la réfutation, est purement apparente, les autres parce qu'ils ne se conforment pas à la définition du syllogisme.

7
<Causes des paralogismes>

L'erreur provient, pour les arguments qui tiennent à l'homonymie et à l'ambiguïté de l'expression[2], de ce qu'on est incapable de distinguer les sens du terme pris en plusieurs acceptions (certains termes, en effet, ne sont pas faciles à

---

1. *Definitio propositionis quae simpliciter dicitur et propositionis unius eadem est : definitio enim ipsa eadem semper erit, sive rem definis quatenus una est quae est sive quatenus talis est qualis simpliciter esse dicitur* (Waitz, II, 540).

2. Cf. *supra*, 6, 168a25, note.

diviser à cet égard : par exemple, l'un, l'être, le même)[1], et,
25 pour les arguments qui tiennent à la composition et à la division, de ce qu'on pense qu'il n'y a aucune différence entre
l'expression composée et l'expression divisée, comme cela se
passe effectivement dans la plupart des cas[2]. – La raison est
aussi la même pour les arguments tenant à l'accentuation : on
croit que l'intonation grave ou aiguë d'une expression n'altère
pas sa signification sinon dans aucun cas, du moins rarement.
– Pour les arguments qui dépendent de la forme du discours,
30 l'erreur a pour cause la ressemblance des expressions. En effet,
il est difficile de discerner quelles choses s'expriment de la
même façon et quelles choses s'expriment de façons différentes[3] : car, quand on est capable de faire cette distinction, on
est pratiquement bien près de la connaissance de la vérité. Mais
ce qui pousse surtout à s'abandonner à cette erreur[4], c'est que

1. Pour certains termes, l'homonymie est cachée. – Sur les différents sens
de l'un, de l'être et du même, cf. *Meta.*, Δ, 6, 7 et 9.

2. Mais non toujours : c'est là que gît la difficulté. De même, dans le cas
suivant.

3. *Cum saepissime dictiones similes significent similes res, difficile est
discernere quando dictiones similes significant similes res, quando dissimiles*
(S. Maurus, I, 624). La forme d'un terme est souvent la même, bien qu'on doive
se référer à des catégories différentes : *agere*, par exemple, appartient à l'action,
et *audire* à la passion. Mais la distinction est difficile à faire, et quand on en est
capable, on n'est pas facilement trompé, et on est tout près de la connaissance
scientifique exclusive de l'erreur (Alexandre, 67, 9).

4. Nous avons tendance, en vertu d'une confusion entre la substance
première (*Socrate*) et la substance seconde (*homme*), qui s'expriment de la
même façon par des substantifs (Socrate est *un homme*), à considérer tout attribut comme rentrant dans la catégorie de la substance, et, le traitant comme tel, à
lui attribuer l'individualité et l'être, déterminations qui, au sens fort, appartiennent exclusivement à la substance première. Il faudrait, au contraire, distinguer
entre les différents sens de l'être : un τοιονδί est aussi un être, mais en un sens

nous supposons que tout attribut d'une chose est une substance individuelle, et que nous l'entendons comme quelque chose d'un : car c'est à l'un et à la substance que l'individualité et l'être semblent surtout appartenir. Pour cette raison aussi, c'est parmi les réfutations dépendant du discours que ce type de paralogisme doit être placé : en premier lieu, parce que l'erreur[1] se produit plus facilement quand nous examinons le problème avec d'autres personnes que quand nous l'examinons par nous-même (car l'examen qui se poursuit avec autrui se fait par le moyen des discours, tandis que l'examen personnel se fait autant, sinon plus, par la considération de la chose elle-même); ensuite, il arrive qu'on soit trompé, même dans cette recherche personnelle, quand on fait du discours la base de son examen[2]; enfin l'erreur vient de la ressemblance, et la ressemblance, du discours. – Quant aux paralogismes tenant à l'accident, l'erreur provient de l'incapacité où l'on est de discriminer ce qui est identique et ce qui est autre, c'est-

35

40

169b

différent de la substance première. De même pour l'unité : la substance première est une en nombre, et la substance seconde n'est une qu'en espèce (cf. *Cat.*, 5, 3b10). Voir Alexandre, 67, 23 *sq.* – L. 33, nous adoptons avec Pickard-Cambridge l'ingénieuse correction de Poste. Nous supprimons, en conséquence, la parenthèse ouverte l. 31, nous mettons un point après τἀληθες, et lisons ἐπισπᾶται, au lieu de ἐπίσταται. Le sens de tout le passage s'en trouve singulièrement éclairci.

1. L'erreur qui consiste à se tromper sur la catégorie à laquelle on doit rapporter l'attribut. – Pour tout ce passage (l. 35-169b2), qui ne présente pas de difficultés particulières, *cf.* Waitz, II, 541-542.

2. Au lieu de considérer la chose elle-même. On perd ainsi l'avantage qui résultait de l'examen personnel.

à-dire ce qui est un et ce qui est multiple[1], ou pour quelles
5 sortes de prédicats tous les accidents sont les mêmes que pour
le sujet[2]. – Même cause encore pour les paralogismes qui
tiennent au conséquent, puisque le conséquent est une partie de
l'accident[3]; j'ajoute que, dans beaucoup de cas, tout donne
l'apparence, et on le croit, que si A est inséparable de B, B est
10 aussi inséparable de A. – Pour les paralogismes qui tiennent à
un défaut dans la définition de la réfutation, et pour ceux qui
dépendent de la différence entre une expression prise sous un
certain aspect et une expression prise au sens absolu, l'erreur
vient de la faible différence entre ces expressions : nous considérons que la qualification particulière, ou l'aspect, ou la
manière, ou le temps, n'ajoute rien au sens, et nous accordons
en conséquence la proposition universelle[4]. – Il en est de
même aussi pour les paralogismes qui relèvent de la pétition
de principe, pour ceux qui tiennent à la fausse cause, et pour
ceux qui réunissent plusieurs questions en une seule : pour
15 tous, en effet, l'erreur vient de la faible différence entre les
expressions; car notre défaut d'exactitude dans la définition de
proposition et de *syllogisme* est dû à la raison que nous venons
d'indiquer[5].

1. En identifiant, par exemple, *Coriscus* et *homme* (cf. *supra*, 5, 166b32) :
car l'accident n'est pas identique avec le sujet. – Contrairement à Waitz, II, 542,
nous donnons à καὶ, l. 4, le sens expletif.
2. Cf. *supra*, 5, 166b30, où les mêmes termes sont employés par Aristote.
3. Ainsi qu'Aristote l'a démontré, 6, 168b27 *sq.*
4. Et c'est à tort, car nous devrions tenir compte de la limitation due au
temps, au lieu, etc....
5. Dans tous ces cas, *parum pro nihilo reputatur* (S. Maurus, I, 625).

8

<*Les Réfutations sophistiques* in materia>

Connaissant d'après quels modes[1] les syllogismes apparents se forment, nous connaissons aussi ceux d'après lesquels peuvent se former les syllogismes sophistiques et les arguments sophistiques. J'appelle réfutation sophistique et syllogisme sophistique non seulement un syllogisme ou une réfutation qui semble valide sans l'être en réalité, mais encore 20 celui qui, tout en l'étant véritablement, n'est qu'en apparence approprié à la chose dont il s'agit[2]. Tels sont les syllogismes qui ne réfutent pas et ne montrent pas que les adversaires sont des ignorants, relativement à la chose en question, ce qui est essentiellement l'objet propre de la Critique. Or, la Critique est une partie de la Dialectique : et cette dernière est capable de prouver une fausse conclusion, par l'ignorance de celui qui 25 fournit la réponse[3]. D'autre part, les réfutations sophistiques, bien qu'elles concluent la contradiction, ne rendent pas évident

1. Les modes *in dictione* et les modes *extra dictionem* (en tout au nombre de treize) étudiés *supra*, chap. 4 et 5.

2. Le syllogisme est encore sophistique quand il conclut *recte*, mais non pas relativement à la chose même en question : il est vicieux *in materia* et non *in forma*. D'autre part, il diffère du syllogisme critique en ce que ce dernier n'a pas pour objet de prouver la vérité de la chose, mais seulement de rendre manifeste l'ignorance de l'adversaire κατὰ τὸ πρᾶγμα (cf. *Top.*, I, 1, 100b23) comme Socrate le fait dans le *Protagoras*, le *Gorgias*, et autres dialogues de Platon.

3. Le syllogisme critique est capable de réfuter celui qui prétend savoir et ne sait pas, parce qu'il est une partie, une espèce du syllogisme dialectique (cf. *infra*, 11, 171b4), lequel peut prouver une fausse conclusion par l'ignorance de l'adversaire qui prétend savoir.

si l'adversaire est un ignorant, car les Sophistes embarrassent
même celui qui sait, au moyen de ces arguments[1].

30   Que nous les connaissions par la même méthode[2], c'est là
une chose évidente : en effet, les considérations qui font croire
aux auditeurs, séduits par les apparences, que le syllogisme a
été effectué à partir de propositions concédées à bon droit par
l'adversaire[3], sont aussi celles qui détermineront celui qui
répond à le croire également[4]; de sorte que des fausses preuves
se produiront par les modes que nous avons indiqués, soit par
tous, soit par quelques-uns : car ce qu'on croit avoir concédé
sans être interrogé[5], on l'accorderait aussi si on était interrogé.

35 Toutefois il y a des réfutations sophistiques dans lesquelles,
en même temps qu'on ajoute la question manquante, on fait
éclater sa fausseté, comme c'est le cas pour les paralogismes
qui tiennent au discours et au solécisme[6]. Si donc les paralo-

---

1. Les syllogismes sophistiques peuvent embarrasser par de fausses
raisons, non seulement l'ignorant qui prétend savoir, mais encore celui qui sait
véritablement : c'est en quoi ils diffèrent du syllogisme critique, lequel ne réfute
que ceux qui prétendent savoir et ne savent pas.

2. Que les syllogismes apparents.

3. Alors qu'en réalité les auditeurs ajoutent foi à un paralogisme. – L. 31,
nous avons traduit largement, en nous inspirant du commentaire de Waitz, II,
542-543, les mots ἠρωτημένα συλλελογίσθαι, qui signifient plus précisément : les points requis pour la preuve étaient posés dans les questions, et la
conclusion était prouvée.

4. Si l'auditeur, qui ne participe pas aux débats, est trompé par le
paralogisme, il en sera de même pour l'adversaire, qui prendra pour un vrai
syllogisme le paralogisme qui l'a réfuté.

5. Ce qui est le cas de l'auditeur. À cet égard la situation de l'auditeur et du
répondant est la même envers le paralogisme.

6. Cf. Pacius, II, 495 : *Si omnes interrogationes adhibeantur, captio erit
manifesta, adeo ut interrogatus non possit falli et redargui, quamvis omissis
quibusdam falli possit.* C'est le cas pour les *fallaciae in dictione* (chap. 4) et les

gismes qui concluent la contradiction d'une thèse viennent de
ce qu'ils ont seulement l'apparence d'une réfutation, il est clair
que les modes dont dépendent les preuves des fausses conclusions et ceux dont dépend la réfutation apparente, seront en
nombre égal[1]. Mais la réfutation apparente peut se faire 40
d'autant de modes que la réfutation véritable a de parties, car
c'est le défaut de l'une ou l'autre de ces parties qui rendra la **170a**
réfutation purement apparente[2] : par exemple[3], le vice qui
tient à ce qu'on ne conclut pas au moyen de l'argument[4] (c'est
l'argument qui mène à l'impossible); celui qui consiste à
réunir deux questions en une seule et tient ainsi à un défaut
dans la proposition[5]; celui qui dépend de la substitution de
l'accident à l'essence[6], et, ce qui est une partie de ce dernier
argument[7], le vice qui vient du conséquent; en outre, les vices 5
où la conclusion peut suivre non pas en réalité, mais verbalement seulement[8]; ensuite, quand, au lieu de prouver la contra-

---

solécismes (*infra*, chap. 14). La question manquante (τὸ ἐνδεές, l. 35) est celle
où précisément gît la cause du paralogisme.

1. *Si paralogismi qui cogunt quod thesi repugnat (h.e. per quo adversarius
refellitur) refutationem conficiunt quae non vera est, sed veritatis speciem
habet, manifestum est totidem modis aliquid falsi cogi posse, quot modis fiat
refutatio non vera quae veritatis speciem, habeat* (Waitz, II, 543).

2. Car on sait (chap. 6) que tous les paralogismes se réduisent à l'*ignoratio
elenchi*.

3. Dans les l. 1-9, Aristote va énumérer les paralogismes, qu'on comparera
avec la définition de la réfutation, 5, 167a23.

4. Ne pas conclure ἐκ τῶν δοθέντων ἐξ ἀνάγκης (cf. *supra*, 5, 167a25).
– Comme le remarque Waitz, II, 543, ce vice se rencontre aussi dans la
démonstration directe, quand on prend pour cause ce qui n'est pas cause.

5. *Cf.* 6, 169a6.

6. 7, 169b4.

7. 6, 168b27.

8. 5, 167a23. Ce cas embrasse tous les paralogismes *in dictione*.

diction universellement, et sous le même aspect, sous le même rapport et de la même façon, la réfutation porte seulement sur un certain aspect de la chose, ou sur l'une ou l'autre de ces déterminations[1] ; en outre, en violation de la règle qu'il ne faut pas faire entrer en ligne de compte la proposition initiale à prouver, il y a la réfutation se rattachant à la pétition de principe[2]. – Ainsi donc, nous aurons tous les modes dans
10 lesquels se produisent les paralogismes : car il ne peut y en avoir davantage, mais les paralogismes se rattachent tous aux modes que nous avons étudiés.

La réfutation sophistique est une réfutation, non pas au sens absolu, mais relative seulement à quelque interlocuteur[3] ; et, pour le syllogisme sophistique, il en est de même. Car, à moins que, dans le paralogisme qui dépend de l'homonymie, l'interlocuteur ne pose que le terme homonyme n'a qu'un seul
15 sens ; que, dans le paralogisme qui dépend de la similitude de forme, l'interlocuteur ne pose que la substance est la seule catégorie ; et que, dans les autres paralogismes, il n'en fasse autant : il n'y aura ni réfutations, ni syllogismes, soit au sens absolu, soit relativement à celui qui est interrogé[4]. Si, au contraire, l'interlocuteur, dans tous ces cas, concède ce que nous venons de dire, les réfutations seront valables à l'égard de

1. 4, 166b23. – Le style de ce passage est négligé, et il faut rétablir le texte comme le propose Waitz, II, 544. Mais le sens est clair.

2. 5, 167a25.

3. C'est-à-dire à celui qui répond. La réfutation sophistique ne porte pas *ad rem, simpliciter*, mais seulement *ad hominem*. Si elle s'appliquait à la chose même, elle serait véritable et non plus sophistique.

4. Pour qu'il y ait *syllogismus sophisticus* ou *elenchus sophisticus*, il faut évidemment que celui qui répond concède ce qui est *fons erroris* : sinon on ne pourra ni le réfuter, ni conclure quoi que ce soit (*cf.* Alexandre, 74, 21 *sq.*).

celui qui est interrogé, mais, au sens absolu, elles ne le seront pas : car les interlocuteurs n'ont pas posé une énonciation qui n'ait qu'une seule signification, mais une énonciation qui n'a que l'apparence de signifier une seule chose, et cela seulement d'après tel homme déterminé.

9
<Impossibilité de connaître toutes les réfutations>

Quant au nombre des lieux dont dépendent les réfutations 20 de ceux qui sont réfutés, on ne doit pas essayer de les recenser sans posséder la science de toutes choses[1]. Mais cette connaissance universelle ne peut être l'objet d'aucune discipline : les sciences sont, sans doute, en effet, en nombre infini, de sorte que les démonstrations le sont évidemment aussi. Or des réfutations peuvent être vraies aussi bien que fausses, car, toutes les fois qu'il est possible de démontrer quelque chose, il sera possible aussi de réfuter celui qui pose la contradiction du vrai : 25 par exemple, si l'adversaire a posé que la diagonale est commensurable, on pourra le réfuter en démontrant qu'elle est incommensurable. Par conséquent, nous devons avoir la science de toutes choses : car certaines réfutations dépendront des principes employés en Géométrie, et des conclusions qui en sont la conséquence, d'autres des principes employés en Médecine, et d'autres des principes des autres sciences. Mais 30

1. Il est impossible, sans avoir la science universelle et l'universalité des démonstrations (tâche au-dessus des forces humaines), d'énumérer les erreurs de ceux qui, dans les différentes sciences, sont l'objet d'une réfutation. On doit se borner aux erreurs des principes communs se rattachant à la Dialectique, qui est la science de ces principes.

les fausses réfutations seront également en nombre infini [1] : en effet, dans chaque art, il y a faux syllogisme, par exemple en Géométrie il y a fausse preuve géométrique, et en Médecine fausse preuve médicale [2]. Par *dans chaque art*, j'entends *selon les principes de cet art*. On voit donc que ce n'est pas de toutes

35 les réfutations, mais seulement de celles qui dépendent de la Dialectique, qu'il faut appréhender les lieux : car ces derniers sont communs à tout art et à toute capacité. Quant à la réfutation s'appliquant à l'une ou l'autre des sciences particulières, c'est au savant particulier qu'il appartient d'examiner si elle est purement apparente sans être réelle, et, si elle est réelle, pourquoi elle l'est; tandis que l'examen des réfutations qui procèdent des principes communs et qui ne tombent sous aucun art particulier, relève de la compétence des dialecti-

40 ciens. En effet, si nous possédons les lieux d'où se tirent les syllogismes probables sur un sujet quelconque [3], nous possé-

170b dons ceux d'où se tirent les réfutations sur ce sujet : car la réfutation est un syllogisme de la contradiction, de sorte que soit un, soit deux syllogismes [4] de la contradiction constitue une réfutation. Nous possédons ainsi les lieux dont dépendent toutes les réfutations de ce genre; et si nous les possédons,

---

1. Les démonstrations, pour l'ensemble des sciences particulières, sont en nombre infini, et les réfutations vraies le sont aussi, puisqu'à toute démonstration fausse on peut opposer une réfutation vraie. Mais si les réfutations vraies sont en nombre infini, les réfutations fausses le sont aussi. Comme le précise Alexandre, 76, 13 : ψευδεῖς δὲ ἐλέγχους οὐ τοὺς σοφιστικούς φησιν ἐνταῦθα ἀλλὰ τοὺς δοκοῦντας μὲν εἶναι ἀπὸ τῶν οἰκείων ἀρχῶν τῆς ἐπιστήμης περὶ ἧς τὸν λόγον ποιοῦνται, μὴ ὄντας δέ.

2. Cf. *An. post.*, I, 12, 77b16, et *Top.*, I, 1, 101a5.

3. Lieux enseignés par les *Topiques*.

4. *Aut certe duo, si unus non sufficiat ad colligendum id quod thesi repugnat* (Waitz, II, 545).

nous possédons aussi leurs solutions, puisque les objections à
ces réfutations sont des solutions [1]. Nous possédons aussi tous 5
les lieux dont ces réfutations dépendent, celles qui sont purement apparentes, apparentes, dis-je, non pas à tout le monde,
mais à des personnes qualifiées [2] : car c'est une tâche indéfinie
de s'enquérir de toutes les raisons qui rendent les réfutations
apparentes à n'importe qui. Par conséquent, il est clair qu'il
appartient au dialecticien de pouvoir appréhender tous les
modes dont dépend la formation, par les principes communs,
soit d'une réfutation réelle, soit d'une réfutation apparente,
c'est-à-dire soit dialectique, soit en apparence dialectique, soit 10
critique [3].

10
<Arguments de mots et arguments de choses>

Il n'y a pas entre les arguments la différence que certains
prétendent y trouver, quand ils disent que les uns s'adressent
aux mots et les autres à la pensée elle-même : car il est absurde
de supposer que certains arguments s'adressent aux mots et les 15
autres à la pensée, et qu'ils ne sont pas les mêmes. Ne peut-on
pas dire, en effet [4], que ce n'est pas disputer contre la pensée de

1. *Sin autem tenemus quibus in rebus peccetur ab iis qui singulos
paralogismos faciant, étiam quomodo solvendi sunt novimus : solvuntur enim,
si adversarius vitio quod in iis latet detecto prohibet ne paralogismus
conficiatur* (Waitz, 545-546).

2. Autrement dit, habiles dans la Dialectique.

3. *Exercitationis causa.*

4. Nous suivons Waitz, II, 546 : *non disputat contra sententiam adversarii
qui quod ille dixit non ita accipit, ut eandem rem in mente habeat de qua*

l'adversaire, quand, en se supposant soi-même interrogé, on
n'emploierait pas les mots au sens où celui qui est interrogé les
a accordés ? Et cela revient à disputer contre les mots. – D'autre
part[1], l'argument s'adresse à la pensée lorsqu'on emploie les
mots dans le même sens que celui qui répond avait dans l'esprit
20 quand il les a accordés. Dès lors, si, les mots ayant plusieurs
sens, on supposait (c'est-à-dire à la fois celui qui interroge et
celui qui est interrogé) qu'ils n'en ont qu'un seul (comme, par
exemple, il peut se faire que l'être et l'un aient plusieurs sens,
et que pourtant celui qui répond réponde, et celui qui interroge
interroge, en supposant qu'il n'y a qu'un seul sens, et l'argument a pour objet de conclure que tout est un), peut-on dire que
25 cette discussion s'adresse à la pensée de celui qui est ques-
tionné[2] ? – D'autre part, si on suppose que l'expression a
plusieurs sens, il est clair qu'une telle discussion ne s'adresse
pas à la pensée[3]. En effet[4], c'est, en premier lieu, dans les

sentiam a se prolatam intelligi vult qui respondet : quare qui non disputat
contra sententiam adversarii non de re disputat, sed de verbis, ut idem sit τὸ μὴ
πρὸς διάνοιαν et τὸ πρὸς τοὔνομα. – L. 17, οἰόμενος ἐρωτᾶσθαι = se ipsum
jam respondendi munus suscepisse fingens. Cette expression se rapporte donc
au sujet de la proposition (ὁ ἐρωτῶν) et non pas, comme le croit Alexandre, 78,
22, à celui qui répond (ὁ ἐρωτώμενος, l. 18).

    1. Inversement. – Sur διανοηθείς, l. 19, cf. Alexandre, 79, 2 : διανοηθέντα
λέγει ['Αρ.] τὸν ἀποκρινόμενον.

    2. La discussion porte aussi bien de sententia que de nomine quand un
terme ambigu est pris comme n'ayant qu'un seul sens. – L. 23, avec Waitz, II,
546, et Pickard-Cambridge, nous n'hésitons pas à supprimer Ζήνων, qui est une
glose manifeste. – L. 25, à l'exemple de Pickard-Cambridge, nous mettons un
point d'interrogation après διειλεγμένος.

    3. Mais bien aux mots.

    4. L'enchaînement de cette phrase avec ce qui précède est assuré si on
sous-entend : «Étant donné ce que nous venons de dire, il est clair que les

arguments d'une nature telle qu'ils présentent plusieurs sens, qu'il est possible de s'adresser aux mots et à la pensée ; ensuite, c'est possible pour tout argument quel qu'il soit [1] : car le fait de s'adresser à la pensée n'intéresse pas l'argument lui-même, mais l'attitude de celui qui répond à l'égard des points qu'il concède [2]. – Ensuite [3], il peut se faire que tous ces arguments 30 s'adressent aux mots : car *s'adresser aux mots* ne signifie, dans le cas présent, rien d'autre que *ne pas s'adresser à la pensée*. Si, en effet, les arguments ne s'adressaient pas tous soit aux mots soit à la pensée, il y aurait certains autres arguments qui ne s'adresseraient ni aux mots ni à la pensée, alors qu'on prétend que tous doivent être l'un ou l'autre, et qu'on les divise tous comme s'adressant soit aux mots soit à la pensée, et qu'il n'y en a pas d'autres. – D'autre part [4], ceux qui dépendent 35

arguments *de sententia* et *de nomine* sont les mêmes et peuvent avoir lieu en même temps. En effet » etc.…

1. *Cf.* Waitz, II, 546 : *In iis paralogismis qui a duplici verborum interpretatione nascuntur, quamquam fieri potest ut omnis syllogismus fiat πρὸς τοὔνομα et πρὸς τὴν διάνοιαν.*

2. Peu importe donc la nature du syllogisme : ce qui est dit *de sententia* peut s'appliquer à tous les raisonnements ; *quare τὸ πρὸς τὴν διάνοιαν genus syllogismorum qui per se spectantur significare potest* (Waitz, II, 547).

3. Aristote continue d'énumérer les raisons pour lesquelles les arguments *de sententia* sont les mêmes que les arguments *de nomine*. Tous ces mêmes arguments *de sententia* peuvent être *de nomine*. En effet, tout ce qui n'est pas *de sententia* est nécessairement *de nomine* : sinon ce serait admettre, contraire-ment à la division dichotomique posée au début du chapitre, qu'il y a une troisième sorte d'arguments. Or que les arguments *de sententia* puissent ne pas être *de sententia*, cela est clair : car il peut arriver que celui qui réponde prenne les mots en un sens différent que son adversaire (*cf.* Pacius, II, 498).

4. Autre raison pour rejeter la division proposée. Cette division vient d'une confusion entre les paralogismes παρὰ τὸ πλεοναχῶς (= παρὰ τὴν λέξιν) et les paralogismes παρὰ τοὔνομα, alors qu'en réalité ces derniers ne sont qu'une

seulement des mots ne sont qu'une branche de ces syllogismes
qui dépendent de la multiplicité des significations : car c'est
dire une absurdité que de prétendre que *dépendant des mots*
embrasse tous les arguments qui dépendent du discours, alors
qu'il y a certains autres paralogismes[1] dont le vice ne consiste
pas en ce que celui qui répond adopte une certaine attitude à
leur égard, mais en ce que l'argument lui-même renferme une
40 proposition d'une nature telle qu'elle peut présenter plusieurs
sens.

171a   Il est aussi complètement absurde de discuter sur la
réfutation, sans avoir auparavant discuté sur le syllogisme[2] :
car la réfutation est un syllogisme, de sorte qu'il faut avoir
discuté sur le syllogisme avant de discuter sur la fausse réfutation, puisqu'une réfutation de ce genre n'est qu'un syllo-
5 gisme apparent de la contradiction d'une thèse. C'est pourquoi
la cause de l'erreur sera soit dans le syllogisme, soit dans la
contradiction (car la mention de la contradiction doit être

partie des premiers et qu'il y a des paralogismes *in dictione* qui s'adressent non
aux mots mais à la pensée. Par suite, il est vain de prétendre que la division entre
arguments *de sententia* et arguments *de nomine* n'est autre que celle entre arguments *extra dictionem* et arguments *in dictione*, et qu'elle serait aussi légitime.

1. Autres que ceux qui sont *de nomine* (lesquels consistent dans une
certaine attitude de celui qui répond : cf. *supra*, I, 29) et qui, en vertu de leur
nature même, ne peuvent être sans ambiguïté.

2. Si l'on veut obtenir une bonne division des fausses réfutations, il faut
d'abord s'attaquer à la preuve proprement dite (au syllogisme), puisque la
réfutation n'est qu'un syllogisme qui conclut la contradiction de la thèse. Par
suite, toute fausse réfutation tient à une erreur qui, de toute nécessité, réside soit
dans le syllogisme lui-même (pour l'argumentation *extra dictionem*), soit dans
l'*elenchus* (pour l'argumentation *in dictione*). On aboutit ainsi à une division
tripartite où toutes les fausses réfutations doivent nécessairement rentrer, et où
tout syllogisme qui n'y peut être ramené est nécessairement vrai.

ajoutée)[1], tandis que parfois elle est dans les deux, si la réfutation est purement apparente. Dans l'argument *dire des choses silencieuses*[2], l'erreur est dans la contradiction, non dans le syllogisme ; dans l'argument *on peut donner ce que l'on n'a pas*[3], l'erreur est dans les deux ; dans cet autre enfin *le poème* 10 *d'*Homère *est une figure parce que c'est un cycle*[4], l'erreur est dans le syllogisme. Par contre, un argument qui ne pèche sous aucun de ces points de vue est un syllogisme vrai.

Mais, pour en revenir au point d'où notre argument est parti[5], est-ce que les raisonnements mathématiques s'adressent à la pensée, ou non ? Et si quelqu'un pense que le terme *triangle* a plusieurs sens, et qu'il a accordé ce terme dans un

1. Dans la définition de l'*elenchus*.
2. *Cf.* 4, 166a13. – L'erreur vient, non pas de ce que le sophiste ne conclut pas (car il conclut : *Est-ce que* τὸν σιγῶντα *parle ou non ? – Non. – Et quoi ! quand tu partes du bois, des pierres, etc.... ne dis-tu pas* σιγῶντα? – Oui. – *Donc tu dis* σιγῶντα. *Cf.* Alexandre, 82, 4), mais de ce qu'il ne conclut pas la contradiction, autrement dit de ce que la contradiction n'est pas une vraie contradiction, parce que les deux propositions équivoques *posse tacentem dicere* et *non posse tacentem dicere* sont également vraies.
3. Cf. *infra*, 22, 178a37. – Le sophiste demande : *Peut-on donner ce quon n'a pas ? – Non. – Si*, réplique le sophiste : *l'avare donne de l'argent à regret ; l'avare n'a pas de l'argent à regret ; donc l'avare donne ce qu'il n'a pas.* Il n'y a ici ni syllogisme (la conclusion est vicieuse, parce que *à regret* ne signifie pas ce qui est donné, mais la manière dont c'est donné, ni réfutation (car la contradiction n'est pas prouvée non plus).
4. Cf. *An. post.*, I, 12, 77b32. – *Tout cercle est une figure ; or le poème d'Homère est un cycle (un cercle) ; donc le poème d'Homère est une figure.* Ici, il n'y a pas syllogisme, car le terme *cycle* n'est pas pris au même sens dans la majeure et la mineure, de sorte qu'il y a en réalité quatre termes au lieu de trois.
5. 170b40. – Autre raison contre la division proposée. Dans le cas des démonstrations mathématiques (lesquelles doivent être *de sententia*), il pourra arriver qu'elles soient *de nomine*, quand on a affaire à une notion ambiguë.

15 sens différent de la figure pour laquelle on concluait qu'elle a
deux angles droits, est-ce que l'argument de celui qui pose la
question s'adresse ici, ou non, à la pensée de l'adversaire?

En outre[1], si le mot a plusieurs sens, mais que celui qui
répond n'aperçoive pas l'ambiguïté ou ne la pense pas,
comment ne pas dire ici que, dans son argument, celui qui
interroge s'est adressé à la pensée de celui qui répond? Autrement, comment faut-il poser la question si ce n'est en suggérant à celui qui répond une distinction (si, par exemple, l'interrogation est: *est-il possible de dire des choses silencieuses?*),
20 ou, tout au plus, en lui suggérant: *n'est-ce pas «non» en un
sens, et «oui» en un autre?*[2]. Si l'adversaire répond que ce
n'est possible en aucun sens, mais que l'autre argumente pour
le réfuter, est-ce que son argument ne s'est pas en réalité
adressé à la pensée de celui qui répond[3]? Et cela, bien que son
argument soit supposé être au nombre de ceux qui dépendent du mot. Par conséquent, il n'y a aucun genre propre
d'arguments s'adressant à la pensée. Il y a effectivement des
arguments qui s'adressent aux mots; mais on n'y doit pas
25 comprendre, je ne dis pas toutes les réfutations, mais même
toutes les réfutations apparentes, puisque parmi les réfutations

---

1. Autre raison. – Si l'ambiguïté n'est pas vue par celui qui répond, la
discussion est *de sententia.*

Pour tout ce difficile paragraphe, nous suivons Waitz, II, 548.

2. *Non aliter enim interrogandum est quam ut respondenti optio detur,*
velut si quis interrogetur: ἆρ᾽ ἔστι σιγῶντα λέγειν ἢ οὔ; *aut ad summum ita,*
ut tecte significetur quid cavendum sit respondenti, velut si interroget: ἆρ᾽ ἔστι
μὲν ὡς οὔ, ἔστι ὡς καί (Waitz, II, 548).

3. *Propositionem enim,* explique Waitz (*ibid.*) *ab altero concessam eo*
sensu intelligit quo ille eam accipi rull.

apparentes certaines sont aussi indépendantes du discours[1],
par exemple celles qui dépendent de l'accident, et d'autres
encore.

Mais si on demande que celui qui interroge fasse lui-même
la division et dise *Par « dire des choses silencieuses », j'entends
en un sens ceci, et en un autre sens cela* : en premier lieu, une
pareille demande est absurde, puisque parfois celui qui ques-　30
tionne n'aperçoit pas lui-même l'ambiguïté de sa question et
qu'il lui est impossible de faire une division qu'il n'a pas dans
l'esprit. En second lieu, que sera-ce d'autre qu'un argument
didactique[2] ? En effet, il éclaircira la façon dont la chose se
comporte, à l'égard de celui qui ne l'a jamais considérée et ne
connaît pas et ne suppose pas qu'il puisse y avoir un autre sens.
Car, même dans les choses qui ne sont pas susceptibles d'une
double signification, qui empêche que cette distinction ne se
fasse aussi[3] ? Par exemple : *Est-ce que les unités sont égales*　35
aux dyades, dans le nombre « quatre » ? en précisant que *les*
dyades sont contenues dans le nombre « quatre », en un sens
de telle façon, en un autre sens de telle autre façon[4]. Autre

---

1. Certaines sont indépendantes du discours, qui ne sont pas *de nomine*
(cf. *supra*, 4, 166b21).

2. Faire une telle distinction n'est pas *disputer*, mais *enseigner* (*cf.* Waitz,
II, 548-549, pour tout ce passage).

3. *Etiam in iis quae non ambigua sunt, accidere potest* l. 35, nous préférons
lire avec Waitz, παθεῖν, au lieu de ποιεῖν, et nous sous-entendons τὸν λόγον ut
distinctione opus sit quam facere debeat qui doceat, non qui disputet (Waitz, II,
549).

4. Admettons qu'on demande si, dans le nombre 4, formé de 4 unités ou
de 2 dyades, les unités sont égales aux dyades, et qu'on ajoute soi-même cette
distinction que les deux dyades composantes doivent être considérées *conjunctim* ou *separatim* (*conjunctim*, elles sont égales aux 4 unités ; *separatim* elles ne

exemple : *Est-ce que la science des contraires est une, ou non ?* en précisant que *des contraires les uns sont connus, et les autres inconnus*[1]. Ainsi, on paraît ignorer, en faisant une pareille demande[2], que l'argument didactique est différent de l'argument dialectique, et qu'il faut que celui qui enseigne n'interroge pas, mais donne lui-même les éclaircissements, tandis que c'est celui qui dispute qui doit seulement interroger.

171b

11
*<Les différentes sortes d'*elenchi*>*

En outre, réclamer une réponse par *oui* ou par *non* n'est pas le rôle de celui qui démontre, mais de celui qui procède à un examen critique. En effet, la Critique est une espèce de la Dialectique, et a en vue non pas celui qui sait, mais celui qui ignore et prétend savoir[3]. – Celui-là donc qui considère les principes communs dans leur application à la chose en

5

leur sont pas égales) : alors on ne *dispute* pas, on *enseigne* comment il faut répondre. Cf. Alexandre, 87, 16 *sq.* – L. 36, αἱ μὲν ὡδὶ ἐνουσαῖ, αἱ δὲ ὡδὶ doivent être comprises comme s'il y avait : λέγω δὲ ὡδὶ μὲν ἴσας ὡδὶ δὶ μή, ὁμοῦ μὲν τὰς δύο δυάδας ἴσας ταῖς τέσσαρσι μονάσιν, ἑκάστην δὶ τῶν μονάδων ἱκάστη τῶν δυάδων οὐκ ἴσας (Alexandre, 87, 21).

1. La distinction ajoutée par celui qui interroge entre les contraires connus et les contraires inconnus équivaut à *enseigner* que la science des contraires n'est pas une.

2. La demande faisant l'objet du paragraphe, indiqué l. 28.

3. Cf. *supra*, 8, 169b25. La démonstration a en vue l'enseignement ; elle n'interroge pas pour obtenir un *oui* ou un *non*, mais elle énonce l'une des deux parties d'une contradiction. La Critique, au contraire, en tant que branche de la Dialectique, procède par interrogations pour se rendre compte de l'adversaire εἰ γιγνώσκει τὸ ἐρωτώμενον (Alexandre, 88, 11).

question est un dialecticien, tandis que celui qui ne le fait qu'en
apparence est un sophiste[1]. – D'autre part, le syllogisme éristique ou sophistique <se divise en deux espèces> : en premier
lieu, c'est celui qui n'a que l'apparence d'un syllogisme, dans
les cas où le raisonnement dialectique est critique[2], quand bien
même sa conclusion serait vraie : car il nous trompe sur la
cause. La seconde espèce comprend ces paralogismes qui,
n'étant pas conformes à la méthode de recherche propre à
chaque chose, sont en apparence conformes à l'art dont il
s'agit[3]. En effet, les faux tracés de figures géométriques ne
sont pas éristiques (car les paralogismes tombent alors sous
l'objet de l'art en question)[4] ; n'est pas davantage éristique un

10

1. La Sophistique n'est qu'une Dialectique apparente : *syllogismus
sophisticus est syllogismus fucatus qui falso videtur dialecticus, ut aurichalcum
falso videtur esse aurum* (Pacius, II, 500).

2. C'est-à-dire, *circa quae dialectica probabiliter syllogizat ad sumondum
experimentum de doctrina respondentis* (S. Maurus, I, 634). Un pareil syllogisme ne conclut pas, mais paraît seulement conclure, même si en fait sa
conclusion apparente se trouve vraie, car elle ne dépend pas des prémisses et
elle est viciée par le sophisme *non causa pro causa* (autrement dit, l'erreur a lieu
alors non pas *circa conclusionem*, mais *circa propter quid conclusionis*).

3. La pensée d'Aristote est claire. Elle l'est encore davantage si on renverse
les propositions et si l'on dit avec Waitz, II, 550 : [*Paralogismi...*] *qui, dum artis
ad quam pertinent speciem habent, revera tamen a via et ratione, qua quaeque
res demonstrari velit, alieni sunt*.

4. Les ψευδογραφήματα ne sont pas des syllogismes éristiques, parce
qu'ils raisonnent (faussement) d'après les principes propres de la Géométrie,
soit qu'on démontre une conclusion fausse au moyen d'une argumentation
géométrique, soit qu'on prouve une thèse vraie par une fausse démonstration
géométrique : c'est ainsi, pour ce dernier cas, que la démonstration de la
quadrature du cercle par Hippocrate de Chio (à laquelle les commentateurs,
Anonyme, 29, 28, et Alexandre, 90, 8, rattachent, mais à tort, semble-t-il,
Antiphon : cf. *infra*, 172a7, note), qui s'appuie sur les principes propres de la
Géométrie, n'a rien de sophistique. Au contraire, celle de Bryson part de

faux tracé géométrique qui servirait à prouver une thèse vraie,
15 comme par exemple la figure d'Hippocrate [c'est-à-dire la
quadrature du cercle réalisée au moyen des lunules][1]. Au
contraire, la méthode de Bryson pour quarrer le cercle, même
si en réalité le cercle peut se quarrer, est sophistique, parce
qu'elle n'est pas conforme à la chose. C'est pourquoi, et le
syllogisme purement apparent, dans les choses de ce genre[2],
est un argument éristique, et le syllogisme qui a seulement
20 l'apparence de s'appliquer à la chose en question, même s'il
est un véritable syllogisme, est un argument éristique : car c'est
en apparence seulement qu'il s'applique à la chose, de sorte
qu'il est trompeur et illégitime. De même, en effet, que
l'injustice commise dans une course est une espèce d'injustice
définie et est une sorte de combat déloyal[3], ainsi le combat
déloyal dans la discussion est l'éristique : car, dans le premier
cas, ceux qui sont résolus à vaincre de toute façon s'emparent
25 de tous les moyens pour y parvenir, et il en est ici de même pour
les disputeurs. Ceux donc qui[4], pour le seul plaisir de la

principes communs à toutes les grandeurs, et non des principes propres de la
Géométrie (οὐ κατὰ τὸ πρᾶγμα, l. 17). – Sur *le problème de la quadrature du
cercle* et les solutions proposées par Hippocrate de Chio et par Bryson, nous
renvoyons aux notes de notre traduction des précédents traités de l'*Organon* :
pour les *An. prior*, II, 25, 69a32, p. 317, et pour les *An. post.*, I, 9, 75b41, p. 50.
Cf. aussi Alexandre, 90, 1.

1. L. 15, nous mettons entre crochets ἢ ὁ τετραγονισμὸς ὁ διὰ μηνίσκων,
membre de phrase que Diels supprime avec raison comme étant une glose.

2. L. 18, περὶ τῶνδε = περὶ τῶν κοινῶν. Il n'y a pas ici de véritable
syllogisme, puisqu'on ne conclut rien.

3. L'injustice dans le combat est une espèce particulière de l'injustice.
Cf. Anonyme, 30, 15 : ἐκείνη εἶδός τι ἔχει καὶ καλεῖται ἀδικομαχία.

4. Différence entre le syllogisme éristique (*victoriae gratia*) et le
syllogisme sophistique (*lucri gratia*).

victoire, agissent ainsi, sont généralement considérés comme
des gens disputeurs et querelleurs, tandis que ceux qui ont en
vue d'acquérir cette réputation qui mène à gagner de l'argent
sont des sophistes : car la Sophistique, avons-nous dit [1], est une
sorte d'art de tirer un profit pécuniaire d'une sagesse purement apparente, et c'est pourquoi les sophistes ne recherchent
qu'une démonstration purement apparente. Au surplus, ce sont 30
les mêmes arguments qu'emploient les querelleurs et les
sophistes, mais ce n'est pas en vue des mêmes fins ; le même
argument sera sophistique et éristique, mais non sous le même
rapport : en tant que ce qu'il vise est une victoire apparente, il
sera éristique, et en tant que c'est une sagesse apparente, il sera
sophistique, car la Sophistique est une certaine sagesse apparente, mais sans réalité. L'argument éristique est en quelque 35
sorte à l'argument dialectique ce que celui qui trace des figures
fausses est au géomètre : il raisonne faussement en partant des
mêmes principes que la Dialectique, comme celui qui trace des
figures fausses, en partant des mêmes principes que le géomètre. Mais tandis que, dans ce dernier cas, il n'y a pas raisonnement éristique parce que celui qui trace des figures fausses
part des principes et des théorèmes qui tombent sous l'art du 172a
géomètre, l'argument qui prouve une autre chose quelconque [2]
par les principes de la Dialectique sera évidemment éristique.
Ainsi, par exemple, alors que la quadrature du cercle réalisée
par les lunules n'est pas éristique, la solution de Bryson est
éristique : et le premier argument ne peut être transféré à un
autre sujet qu'à la Géométrie, parce qu'il procède de principes 5

---

1. 1, 165a22.
2. L. 2, περὶ μὲν τἄλλα, *h.e. quodcumque non ad dialecticam pertinet, sed ad aliam quemlibet artem vel disciplinam* (Waitz, II, 550).

qui sont propres à la Géométrie, tandis que l'autre peut
s'adresser à tous ceux qui ne savent pas ce qu'il y a de possible
et d'impossible dans chaque chose, car il s'appliquera à eux
tous[1]. Il y a encore la méthode d'Antiphon pour quarrer le
cercle[2]. C'est aussi le cas si on nie qu'il est préférable de se

1. La démonstration de Bryson, qui part du principe commun *ubi est majus
et minus, ibi etiam reperiri aequale* (cf. *An. post.*, I, 9, 75b41, note, p. 50 de
notre traduction), peut s'appliquer à d'autres matières que la Géométrie, aux
nombres par exemple (Pacius, II, 502).

2. On ne se rend pas bien compte de la différence entre le procédé
d'Antiphon (sophiste contemporain de Socrate) et celui de Bryson. En fait, bien
que la Paraphrase anonyme, 30, 36, et Alexandre, 92, 23, sur le présent passage,
rapprochent la méthode d'Antiphon de celle des lunules d'Hippocrate et
l'opposent à celle de Bryson (ce qui lui enlèverait tout caractère éristique), il
semble bien que la méthode d'Antiphon soit une simple ébauche de celle de
Bryson et soulève les mêmes critiques par son caractère *agéométrique*. Au dire
de Simplicius, commentant *Phys.*, I, 2, 185a17 (*in Aristotelis Phys. com.*, 54,
20, Diels), qui marque ici une légère différence avec Themistius (*in Aristotelis
Phys. par.*, 4, 2, Schenkl; explication d'ailleurs adoptée par Heath) et avec
Philopon (*in Aristotelis Phys. com.*, 31, 9, Vitelli), Antiphon inscrivait dans un
cercle un polygone régulier quelconque, un carré par exemple, puis un octo-
gone, et ainsi de suite, jusqu'à ce que, par une approximation de plus en plus
grande, l'aire de la figure inscrite coïncidât avec celle du cercle. Or un tel
procédé est éristique, en ce qu'il est contraire au principe géométrique qu'un
cercle ne peut toucher une droite en un point (Alexandre) ou plutôt qu'une
droite ne peut coïncider avec un arc (Simplicius). La méthode de Bryson, qui
considérait le cercle comme un moyen proportionnel entre deux polygones,
l'un inscrit et l'autre circonscrit (*cf.* le passage de *An. post.*, cité dans la note
précédente), n'est qu'un perfectionnement de celle d'Antiphon. Sur cette
question, *cf.* Montucla, *Histoire des Mathématiques*, Paris, an VII, p. 156 (cité
par Waitz, II, 551); P. Tannery, *Mémoire des sciences physiques et naturelles
de Bordeaux*, 1ʳᵉ série, t. II, 1878; Pauly-Wissowa, «Hippocrates», col.
1797 *sq.*; et surtout Heath, *History of Greek Mathematics*, I, p. 221-223 (trop
favorable à Anthiphon, à qui il attribue, probablement à tort, le mérite d'avoir

promener après dîner, en raison de l'argument de Zénon : ce ne
sera pas là un argument médical, car l'argument de Zénon est
un argument commun[1]. Si donc l'argument éristique était à   10
l'argument dialectique dans une relation exactement semblable à celle de celui qui trace des figures fausses par rapport
au géomètre, il n'y aurait pas d'argument éristique dans ces
matières géométriques[2]. Mais, en réalité, l'argument dialectique n'est pas limité à un genre défini de choses[3], ni ne
démontre rien en fait, ni même n'est un argument tel que nous
en trouvons dans la philosophie générale de l'être : c'est qu'en
effet tous les êtres ne sont pas contenus dans quelque genre
unique, ni, même s'ils l'étaient, ne pourraient tomber sous les   15

soupçonné la méthode d'exhaustion). Voir aussi Brunet et Mieli, *Histoire des
Sciences, Antiquité*, p. 401 et 402.

1. Combattre la thèse médicale qu'une promenade après le repas est
salutaire, en s'appuyant sur l'argument de Zénon qui nie la réalité du mouvement, c'est employer une argumentation qui ne part pas de principes propres
à la Médecine, mais d'un principe commun sur le mouvement en général.
L'argumentation est donc éristique.

2. Or l'exemple de Bryson et les autres nous ont montré le contraire. La
proportion *éristique : dialectique : fausses figures géométriques : vraies figures
géométriques*, n'est donc pas rigoureuse.

3. La Dialectique a un domaine universel ; elle ne traite pas d'un genre
déterminé de choses, et ne démontre pas leurs propriétés à la façon des sciences
particulières. Elle n'est cependant pas universelle au sens de la Métaphysique,
qui traite de tous les êtres *sub generali entis* : la Dialectique (et, par suite,
l'Éristique) ne raisonne pas ἐκ τῶν καθ' αὐτά, mais ἐκ τῶν ἐνδόξων ἤ τῶν
φαινομένων ἐνδόξων. Qu'elle ne traite pas d'un genre déterminé d'êtres,
Aristote l'a déjà montré *Top.*, I, 1, 100a19 ; il en donne ici de nouvelles raisons.
D'abord (l. 13), les êtres ne rentrent pas dans une seule catégorie, mais dans dix ;
ensuite (l. 14), même s'il n'y avait qu'un seul genre d'êtres, leurs principes n'en
seraient pas moins différents (les choses physiques, les choses mathématiques,
les choses médicales obéissant à des principes divers). *Cf.* Alexandre, 93,
21 *sq.*, que nous ne faisons que résumer.

mêmes principes. Par conséquent[1], aucun de ces arts démontrant la nature de quelque chose ne procède par interrogations : car il ne permet pas d'accorder indifféremment l'une quelconque des parties de la contradiction, car un syllogisme ne se forme pas à partir des deux[2]. La Dialectique, au contraire, procède par interrogations, tandis que si elle démontrait, son interrogation ne porterait pas, sinon même sur quoi que ce soit[3], du moins sur les notions premières et les principes propres à la chose en question : car, en supposant que celui qui répond ne les accorde pas, elle n'aurait plus aucune base d'où partir pour discuter plus longtemps contre l'objection de l'adversaire. – La Dialectique est en même temps aussi une critique : car la Critique n'est pas non plus de même nature que la Géométrie, mais c'est une discipline qu'on peut posséder, même sans avoir la science[4]. Il est, en effet, possible, même pour celui qui n'a pas la science, de procéder à l'examen

---

1. Étant donné que la Dialectique se distingue aussi nettement des sciences particulières, et que, au moyen de l'interrogation, elle part de propositions qu'elle demande à l'adversaire de concéder, les sciences particulières, dont l'objet est la découverte et la démonstration de la vérité, ne devront pas employer la méthode interrogative, mais elles devront poser, et non demander qu'on leur accorde, les propositions d'où partiront leurs démonstrations (cf. *An. prior* I, 1, 24a24).

2. Une démonstration, un syllogisme apodictique, ne se forment pas indifféremment à partir de l'une ou de l'autre partie d'une contradiction (Alexandre, 95, 11).

3. Ce qui serait logique, puisque celui qui démontre ne demande pas, mais pose (Alexandre, 95, 28).

4. La Dialectique diffère des autres disciplines en ce que, quand elle a pour but de procéder à l'examen de l'adversaire (quand elle est *critique*), elle peut être exercée même par quelqu'un qui n'est pas habile dans la science en question, *si ita respondeat ut non ea concedat quae sciat neque quae rei de qua agatur propria sint sed quae ejus sint consequentia* (Waitz, II, 552).

critique de celui qui n'a pas la science de la chose, s'il accorde
des points tirés, non pas des choses dont il a la science ni des
principes propres du sujet en question, mais de toutes ces 25
conséquences dépendant du sujet qui sont d'une nature telle
qu'on peut très bien les connaître sans connaître l'art dont
relève la chose, bien qu'on ne puisse pas ne pas les connaître
sans ignorer nécessairement aussi l'art. On voit donc que la
Critique n'est[1] la science d'aucun objet déterminé. C'est
pourquoi aussi elle se rapporte à toutes choses : car tous les arts
se servent aussi de certains principes communs[2]. De là vient
que tous les hommes, même les ignorants, font en quelque 30
façon usage de la Dialectique et de la Critique : car tous,
jusqu'à un certain point, s'efforcent de mettre à l'épreuve ceux
qui prétendent savoir. Or ce dont les ignorants se servent ici, ce
sont les principes communs : car ils ne les connaissent eux-
mêmes pas moins que ceux qui savent, même si, dans ce qu'ils
disent, ils semblent bien loin de la science[3]. Tous les hommes
font donc des réfutations : car ils font sans art ce que fait avec
art la Dialectique ; et celui qui critique par l'art syllogistique[4] 35
est un dialecticien. Et puisqu'il y a beaucoup de principes qui
sont les mêmes pour toutes choses, sans pourtant être tels
qu'ils constituent une nature particulière, c'est-à-dire un genre
particulier d'être, mais qu'ils sont comme les négations[5],
tandis que d'autres principes ne sont pas de cette sorte, mais

1. Ainsi que la Dialectique.
2. Cf. *An. post.*, I, 10, 76a37, et 11, 77a26.
3. L. 33, ἔξω λέγειν, sous-entendu τῆς ἐπιστήμης (Alexandre, 98, 13).
4. Par le secours d'une théorie du raisonnement.
5. Cf. *de Int.*, 2, 16a30, et *An. prior*, I, 4, 25b35. *Vidimus enim negatione
non significari unam certam rem, sed non definitam* (ἀόριστον) *esse notionem
quae negatione exprimatur* (Waitz, II, 553).

sont propres à des sujets particuliers : dans ces conditions, il est possible, à partir de ces principes généraux, de procéder à un examen de toutes choses, et d'en tirer un art déterminé, 172b art qui d'ailleurs n'est pas de même nature que les arts de la démonstration. C'est précisément pourquoi celui qui fait un raisonnement éristique n'est pas du tout dans la même situation que celui qui trace des figures fausses : car celui qui fait un raisonnement éristique ne raisonnera pas faussement à partir de quelque genre déterminé de principes, mais il s'occupera de tous les genres.

5   Tels sont donc les divers types de réfutations sophistiques[1] : et que ce soit le rôle du dialecticien de les étudier et d'être capable de les réaliser, c'est là une chose qui n'est pas difficile à voir ; car la recherche portant sur les prémisses[2] comprend cette étude tout entière.

12
<Second objet de la Sophistique : faire tomber l'adversaire dans l'erreur ou dans le paradoxe>

10   Nous venons de parler des réfutations apparentes. – En ce qui concerne le fait de montrer que celui qui répond commet une erreur, et d'amener son argument dans le paradoxe[3] (car

1. Résumé général des chap. 4-11, qui traitent des réfutations sophistiques. Conformément au plan établi au chap. 3, Aristote va, dans les chap. 12 à 15, exposer la théorie de l'erreur, du paradoxe, de la tautologie et du solécisme.

2. Cf. Alexandre, 99, 19 : τὸ γὰρ τάττειν τὰς προτάσεις καὶ συντιθεναι τῆς διαλεκτικῆς ἐστιν.

3. Aristote examine d'abord les lieux communs à l'erreur et au paradoxe (ad l. 24).

c'était le second article du programme de la Sophistique)[1] : en premier lieu, ce résultat s'obtient surtout par une certaine façon d'effectuer l'enquête et au moyen de l'interrogation. En effet, poser la question sans la mettre en rapport avec quelque objet déterminé, c'est là une bonne manière de poursuivre ces desseins : car quand on parle au hasard, on est davantage enclin 15 à se tromper, et on parle au hasard quand on n'est en présence d'aucun objet déterminé. De même, poser de fréquentes interrogations, bien qu'on ait déterminé l'objet contre lequel on argumente, et demander que l'adversaire dira seulement ce qu'il pense, cela crée une certaine facilité pour l'induire au paradoxe et à l'erreur ; et aussi, soit qu'à l'une de ces questions il réponde *oui* ou réponde *non*, pour l'amener à des assertions contre lesquelles on est bien armé pour l'attaquer. De nos jours, cependant, la possibilité de tricher par ces moyens est 20 moindre qu'elle n'était auparavant, car ceux qui répondent demandent : *Quel rapport cela a-t-il avec la question posée au début ?* C'est encore un principe élémentaire pour obtenir de l'adversaire qu'il énonce soit quelque erreur, soit quelque paradoxe, de ne jamais poser immédiatement une question controversée, mais de prétendre qu'on n'interroge que par simple désir de s'instruire : car cette façon d'enquêter donne du champ pour l'attaque.

Un lieu spécialement approprié pour montrer l'erreur de 25 l'adversaire[2] est la règle sophistique d'amener celui qui répond à l'espèce d'assertions contre lesquelles on est abondamment pourvu d'arguments : ceci peut d'ailleurs se faire

1. 3, 165b19.
2. Aristote passe à l'étude des *lieux* propres à l'erreur, puis au paradoxe.

correctement ou non-correctement, ainsi que nous l'avons dit
précédemment[1].

De plus, pour amener son adversaire à dire des paradoxes,
30 il faut examiner à quelle école de philosophes il appartient, et
ensuite l'interroger sur un point par où la doctrine de l'école est
paradoxale aux yeux du grand nombre : car dans chaque école
il y a quelque point de cette sorte. C'est une règle élémentaire,
dans ces matières, que d'avoir, parmi ses propositions, des
thèses soutenues par les différentes écoles. Et la solution
recommandée à apporter ici, c'est de faire voir que le paradoxe
35 ne se produit pas en raison de l'argument : alors que c'est là ce
que veut toujours l'adversaire[2].

En outre, on doit argumenter à partir des désirs et des
opinions déclarées. En effet, les choses qu'on désire et celles
qu'on exprime ne sont pas les mêmes : on exprime ce qui a
l'apparence la plus honorable, tandis qu'on ne désire que ce
173a qui paraît conforme à ses propres intérêts ; par exemple, on dit
qu'une belle mort vaut mieux qu'une vie de plaisir, et une
pauvreté honnête qu'une richesse honteuse, alors qu'en réalité
on veut tout le contraire. En conséquence, celui qui parle selon
ses désirs, il faut l'amener aux opinions déclarées, et celui qui
parle selon les opinions déclarées, à celles qui sont tenues
cachées : car, dans les deux cas, les adversaires sont poussés
nécessairement à dire des paradoxes, puisqu'ils parleront

---

1. *Top.*, II, 2. *Disputationis translatio modo recte, modo sophistice fit*
(Pacius, II, 504).

2. *Removetur autem difficultas, in quam incurrit qui sententiam*
παράδοξον *defendit, si eam non a se defendi ostendit, quoniam per disputa-*
tionem coactus sit ut eam defendat (hoc est enim quod efficere studet qui cum
eo contendit), sed quoniam velit defendere quod ipsi maxime placeat (Waitz,
II, 554).

contrairement soit aux opinions déclarées, soit aux opinions 5
cachées[1].

Le lieu le plus étendu[2] pour faire dire des paradoxes,
c'est celui qu'on rapporte de Calliclès argumentant dans le
Gorgias[3], et à l'efficacité duquel tous les Anciens ont cru : on
le tire de la nature et de la loi. On prétend que la nature et la loi 10
sont des contraires, et que la justice est belle selon la loi, mais
qu'elle n'est pas belle selon la nature. Par conséquent, dit-on, à
celui qui parle selon la nature il faut opposer ce qui est selon la
loi, et celui qui parle selon la loi, il faut l'amener à ce qui est
selon la nature : car, dans les deux cas, il en vient à dire des
paradoxes. Pour ces philosophes, ce qui est selon la nature était 15
la vérité, et ce qui est selon la loi l'opinion de la multitude. – On
voit donc que les Anciens aussi, tout comme ceux d'à présent,
essayaient soit de réfuter celui qui répond, soit de lui faire dire
des paradoxes.

Certaines interrogations sont de telle sorte que, dans les
deux sens, la réponse est également paradoxale ; par exemple :
Doit-on obéir aux sages ou à son père ? et : *Faut-il faire ce* 20
qui est utile ou ce qui est juste ? et : *Est-il préférable de souffrir*
l'injustice ou de la commettre ? On doit alors amener à des
assertions contraires au vulgaire et aux sages : si l'interlocuteur
parle comme les raisonneurs habiles, on l'entraîne dans une
opposition au vulgaire ; et s'il parle comme le vulgaire, on
l'entraîne dans une opposition aux raisonneurs habiles. En
effet, les uns disent que nécessairement l'homme heureux est 25
juste, tandis que pour le vulgaire il est paradoxal qu'un roi ne

1. *Cf.* Alexandre, 102, 5.
2. L. 7, πλεῖστος a le sens de ἰσχυρός (Alexandre, 102, 20), *multis*
disputationibus convenire (Pacius, II, 505).
3. 482e.

soit pas heureux. Amener à des paradoxes de ce genre revient à
amener à la contrariété de la nature et de la loi [1] : car la loi est
30 l'opinion du vulgaire, et les sages parlent suivant la nature et
suivant la vérité.

13
<Autre objet de la Sophistique : faire tomber l'adversaire dans le verbiage>

Il faut donc chercher à obtenir des paradoxes par les lieux
dont nous venons de parler. – Quant à faire tomber l'adversaire
dans le verbiage, nous avons déjà indiqué [2] ce que nous entendons par *verbiage*. Il est l'objet qu'ont en vue de produire tous
les arguments de l'espèce suivante : s'il n'y a aucune diffé-
35 rence entre poser un terme et poser sa définition, *double* et
double de la moitié sont la même chose; si donc *double* est
double de la moitié, il sera *double de la moitié de la moitié*. Et,
de plus, si au lieu de *double* on pose *double de la moitié*, alors la
même expression sera répétée trois fois, *double de la moitié de
la moitié de la moitié*. Autre exemple : *L'appétit est l'appétit
de l'agréable, n'est-ce pas ?* Mais l'appétit est un *désir de*

---

1. Réduction de ce lieu au précédent.
2. *Cf.* 3, 165b16. – Pour les exemples du *double* et de l'*appétit*, qui suivent,
cf. *Top.*, VI, 3, 140b27. S. Maurus, I, 641, expose bien l'argumentation : *Idem
significat hoc nomen « duplum » et haec oratio « duplum dimidii »; ergo semper
loco « dupli » potest poni « duplum dimidii »; sed tu dicis quod « duplum » est
« duplum dimidii »; ergo loco « duplum » potest poni « duplum dimidii »,
ideoque dum dicis quod duplum est duplum dimidii, idem dicis ac si diceres
quod duplum est « duplum dimidii dimidii »*, et ainsi de suite. Et de même pour
l'appétit.

l'agréable; par suite, *l'appétit est un désir de l'agréable de* 40
l'agréable.

Tous les arguments de cette nature se rencontrent : d'abord 173b
dans les termes relatifs qui non seulement ont des genres relatifs, mais sont aussi eux-mêmes des relatifs [1], et sont rapportés
à une seule et même chose (par exemple, le désir est désir de
quelque chose, l'appétit appétit de quelque chose, le double
double de quelque chose, c'est-à-dire double de la moitié); en 5
second lieu, dans les termes qui, n'étant pas du tout des relatifs,
sont cependant affirmés d'une certaine substance, dont ils indi-
quent ou des états, ou des affections, ou quelque autre détermination de ce genre, de façon que dans leur définition se trouve
exprimée la notion de cette substance [2]. Ainsi, par exemple,
impair est un *nombre ayant un milieu*; mais il y a *nombre*
impair; par suite, on a *nombre nombre ayant un milieu*. Autre
exemple : si le *camus* est une *concavité du nez*, et s'il y a *nez* 10
camus, il y a, par suite, *nez nez concave* [3].

Parfois, c'est en apparence seulement qu'on produit ces
verbiages, tout en ne les faisant pas en réalité : c'est parce
qu'on n'a pas demandé en sus à celui qui répond si l'expression

1. Certains relatifs sont tels *secundum genus* et non *secundum se* : la
Grammaire, par exemple, n'est pas dite *grammaire de quelque chose*, mais
science (genre de la Grammaire) *de quelque chose*. D'autres relatifs sont tels
secundum se, par exemple le double, l'appétit (cf. *Cat.*, 7).

2. Sur les difficultés de construction de cette phrase, *cf.* Waitz, II, 554-555,
que nous traduisons presque littéralement. Voir aussi Alexandre, 105, 4 : ... ἐν
ἐκείνοις, ὅσων μὴ ὄντων πρός τι κατηγορουμένων δὲ κατὰ οὐσίας τινὸς
παραλαμβάνεται ἐν τῷ ὁρισμῷ αὐτῶν ἡ ὑποκειμένη αὐτοῖς οὐσία, καὶ
ὅλως ἐν ἐκείνοις ὧν ἕξεις εἰσὶν ἡ πάθη καθ᾽ αὐτὸ κατηγορούμενα τῶν
ὑποκειμένων. – Sur la nature des prédicats *per se* qui enveloppent la définition
de leurs sujets, cf. *An. post.*, I, 4, 73a37, et la note de notre traduction, p. 24.

3. Cf. *Meta.*, Z, 5, 1035b29 *sq.*

double, par exemple, prise en elle-même[1] a ou non quelque
signification, et, dans l'affirmative, si c'est la même signifi-
15 cation ou une signification différente[2], mais c'est parce qu'on
tire la conclusion immédiatement[3]. Mais il y a une apparence
de réfutation du fait que le nom est la même chose que sa
définition et a la même signification[4].

14
<Autre objet de la Sophistique : le Solécisme>

Nous avons dit précédemment[5] quelle sorte de chose est le
solécisme : on peut, à la fois, et faire un solécisme[6], et paraître
le faire sans le faire en réalité, et le faire en réalité sans le
paraître. Supposons, comme le disait Protagoras, que μῆνις
20 (*courroux*) et πήληξ (*casque*) soient du masculin[7] : en appelant le courroux οὐλομένην (*meurtrière*) on fait un solécisme

---

1. C'est-à-dire χωρὶς τοῦ ἡμίσεος (Alexandre, 105, 22), *nude posita*
(Waitz, II, 555).

2. Si, *nude posita*, la notion a ou non la même signification que quand elle
est jointe à son corrélatif. – Si celui qui répond ne concède pas que le terme
(*double*) et sa définition (*double de la moitié*) ont la même signification, et que
le sophiste conclut comme si son interlocuteur l'avait concédé, alors on se
trouve en présence d'un bavardage purement apparent.

3. La conclusion tautologique τὸ διπλάσιον ἡμίσεος ἡμίσεος διπλάσιον
(Alexandre, 105, 27).

4. *Cf.* Alexandre, 105, 31, qui renvoie à 173a34 ci-dessus.

5. 3, 165b20. Le solécisme est une incorrection grammaticale.

6. Dire, par exemple, *vir alba*. Aristote juge inutile de parler de cette espèce
de solécisme ; il n'en parle que des deux autres.

7. Alors qu'en réalité ces mots sont du féminin. – Protagoras est l'auteur de
la distinction des trois genres (cf. *Rhet.*, III, 5, 1407b7, et aussi Aristophane, *les
Nuées*, v. 658 *sq.*). – Sur ce passage, consulter aussi *Poet.*, 21, 1458a8.

aux yeux de Protagoras, mais on ne semble pas en faire aux yeux des autres, tandis qu'en l'appelant οὐλόμενον (*meurtrier*) on paraît faire un solécisme <aux yeux des autres>, mais on n'en fait pas en réalité <pour Protagoras>[1]. On voit donc qu'un certain art[2] pourrait aussi produire ce résultat; et c'est pourquoi beaucoup d'arguments, tout en ne concluant pas de solécisme, semblent en conclure un, comme cela se produit 25 aussi dans le cas des réfutations[3].

Presque tous les solécismes apparents viennent du terme τόδε (*ceci*)[4], et aussi quand l'inflexion n'exprime ni le masculin, ni le féminin, mais le neutre. En effet, οὗτος (*celui-ci*) indique le masculin, et αὕτη (*celle-ci*) le féminin; mais τοῦτο (*ceci*), bien qu'ayant pour objet de signifier le neutre, signifie souvent aussi l'un des deux autres genres : par exemple, *qu'est* 30 *ceci? C'est Calliope, c'est du bois, c'est Coriscus*[5]. D'autre part, pour le masculin et le féminin, les inflexions sont toutes différentes, tandis que, pour le neutre, certaines le sont et d'autres ne le sont pas[6]. Souvent alors, quand c'est τοῦτο (*ceci*) qui a été accordé, on conclut comme si c'était τοῦτον (*celui-ci*, accusatif) qui avait été proféré, et de même aussi quand on substitue une inflexion à une autre. Le paralogisme vient de ce que τοῦτο (*ceci*)[7] est une forme commune à 35

1. Nous complétons suivant Alexandre, 106, 19.

2. Que devront posséder les Sophistes.

3. Dont certaines ont l'apparence de réfuter, mais ne réfutent pas en réalité.

4. Qui, étant neutre, est employé souvent pour le masculin ou le féminin, comme Aristote va le montrer pour le terme τοῦτο, dont le cas est le même.

5. Termes qui sont respectivement féminin, neutre et masculin.

6. Pour le neutre, le génitif et le datif sont différents; le nominatif, l'accusatif et le vocatif sont les mêmes.

7. L. 35, avec Pickard-Cambridge, nous lisons τοῦτο, au lieu de τόδε, mais le sens est le même.

plusieurs inflexions : car τοῦτο (*ceci*) signifie tantôt οὗτος
(*celui-ci*, nominatif) et tantôt τοῦτον (*celui-ci*, accusatif). Il
doit les signifier alternativement : quand il est combiné avec
ἔστι (*est*), il signifie οὗτος (*celui-ci*, nominatif), et avec εἶναι
(*être*), τοῦτον (*celui-ci*, accusatif) : par exemple, *Coriscus*
(Κορίσκος) *est, être Coriscus* (Κορίσκον). Pour les noms
féminins, il en est de même, ainsi que dans le cas de ce qu'on
40 appelle les *instruments* (σκεύη), qui ont une dénomination
féminine ou masculine [1]. Car les noms qui se terminent en ο
174a ou en ν ont seuls la dénomination propre aux instruments,
par exemple ξύλον (*bois*), σχοινίον (*corde*) ; ceux qui ne se
terminent pas ainsi sont du masculin ou du féminin, quoique
nous appliquions certains d'entre eux aux instruments : par
exemple, ἀσκός (*outre à vin*) est un nom masculin, et κλίνη
(*lit*) un nom féminin. C'est pourquoi, dans les cas de cette sorte
aussi, il y aura une différence de même nature entre une
construction avec ἔστι (*est*) et une construction avec εἶναι
5 (*être*). Et encore, le solécisme ressemble d'une certaine façon
aux réfutations qui viennent de ce qu'on exprime de manière
semblable des choses dissemblables [2] ; car de même que là
nous tombons dans un solécisme portant sur les choses mêmes,
ici nous tombons dans un solécisme portant sur les mots : car
homme (et *blanc* également) est à la fois et une chose et un mot.

---

1. Le terme σκεύη (*instrumenta, vasa*) signifie les *noms neutres*, d'après
Protagoras (cf. *Rhet.*, III, 5, 1407b8) et est synonyme de τὰ μεταξύ. Les noms
neutres sont ainsi appelés, explique Alexandre, 108, 7, διὰ τὸ ἄψυχα εἶναι.
– L'incertitude du genre des noms neutres, affectés d'une désinence masculine
ou féminine pourra donner lieu à des solécismes, que le sophiste s'appliquera à
faire naître.
2. Sur les paralogismes *ex figura dictionis*, cf. *supra*, 4, 166b10.

Il est donc manifeste que nous devons nous efforcer de 10
conclure le solécisme à partir des inflexions que nous venons
d'indiquer.

Tels sont donc les types des arguments contentieux et les
subdivisions de ces types, et les méthodes indiquées qui s'y
appliquent[1]. Mais il y a une différence qui n'est pas sans
importance, si les éléments de l'interrogation sont disposés
d'une certaine façon en vue de dissimuler le but qu'on poursuit,
comme on l'a fait pour les arguments dialectiques[2]. À la suite 15
de ce que nous venons de dire, c'est donc ce point qu'il faut
discuter en premier lieu.

15
<L'arrangement des arguments>

Une chose utile pour réfuter, c'est d'abord la prolixité de
l'argumentation : car il est difficile d'embrasser d'un seul
regard plusieurs choses en même temps ; et, pour obtenir cette
prolixité, il faut se servir des principes élémentaires précédemment indiqués[3]. – Un autre moyen, c'est la rapidité du
discours, car ceux qui restent en arrière voient moins clairement devant eux[4]. – En outre, il y a la colère et l'amour de la 20
dispute, car toutes les fois qu'on est agité, on est moins capable

---

1. Resumé des chap. 4-14.
2. Examinés *Top.*, VIII, 1, 155b18. – Il faut maintenant, dit Aristote, après
avoir procédé à l'*inventio* des arguments sophistiques, considérer leur
dispositio, leur ordre, dont l'importance pour cacher sa pensée et tromper
l'adversaire est la même que pour les arguments dialectiques.
3. *Top.*, VIII, 1, 155b26-157a5.
4. *Ut adversarius sero intelligat quo deductus sit* (Waitz, II, 556).

de se mettre en garde : les règles élémentaires pour produire la colère sont d'afficher sa volonté de procéder injustement et sans aucune retenue. – De plus, il y a le fait de poser ses interrogations en changeant leur ordre[1], soit qu'on ait plusieurs arguments conduisant à la même conclusion, soit qu'on ait des arguments pour montrer à la fois qu'une chose est ainsi et
25 qu'elle n'est pas ainsi : car il en résulte que l'adversaire doit se tenir en garde en même temps ou bien contre plusieurs choses, ou bien contre leurs contraires. – En général, toutes les méthodes décrites précédemment[2] pour cacher sa pensée sont utiles aussi pour les arguments contentieux : car on cache sa pensée en vue d'éviter que l'adversaire ne voie où l'on va, et on veut qu'il ne voie pas où l'on va, en vue de le tromper.
30   À l'égard de ceux qui refusent d'accorder tout ce qu'ils supposent donner prise à la réfutation, on doit poser la question négativement, comme si on désirait obtenir la réponse opposée, ou du moins comme si on posait la question sans préjugé[3] : car quand on est dans le doute sur la réponse que l'adversaire veut faire admettre, celui qui répond se montre moins réfractaire. De plus, quand, la discussion portant sur des cas particuliers, l'adversaire concède l'individuel, souvent, une fois l'induction faite, on ne doit pas faire porter son interrogation sur

---

1. Cf. *An. prior*, II, 19, 66a33 et *Top.*, VIII, 1, 156a23. – Cet argument consiste à produire plusieurs syllogismes en bouleversant l'ordre de leurs prémisses, soit en vue de la même conclusion, soit en vue de conclusions contradictoires. Il arrive que, les prémisses de ces syllogismes étant mélangées sans ordre, l'adversaire ne sait plus ce qu'il doit concéder ou rejeter (S. Maurus, I, 644).

2. *Top.*, VIII, 1, 155b26-157a5.

3. L. 32, ἐξ ἴσου, *à égalité* : celui qui interroge laisse incertain ce qu'il veut faire admettre (Alexandre, 111, 16).

l'universel, mais le prendre pour accordé et s'en servir[1] : car 35
parfois ceux qui répondent croient eux-mêmes l'avoir accordé,
et il le semble aussi aux auditeurs, du fait qu'ils se rappellent
l'induction et qu'ils pensent que les cas particuliers n'auraient
pas été demandés en vain. – Là où il n'y a pas de nom pour
indiquer l'universel, on peut cependant se servir de la similitude dans la mesure où le besoin s'en fait sentir, car souvent la
similitude échappe à l'attention[2]. – De plus, pour obtenir la 40
prémisse qu'on désire, il faut la poser dans la question, côte à
côte avec son contraire. Par exemple, si l'on veut obtenir cette 174b
proposition qu'il faut en toutes choses obéir à son père, on doit
demander si en toutes choses il faut obéir à ses parents, ou en
toutes choses leur désobéir ; et si l'on veut obtenir cette proposition qu'on doit obéir à son père en beaucoup de choses[3], il
faut demander si on doit l'admettre pour beaucoup de choses
ou pour peu. Car alors si celui qui répond est forcé de faire un
choix, il inclinera davantage à penser que c'est pour beaucoup 5
de choses : les contraires étant ainsi placés tout près les uns à
côté des autres, ils en paraissent aux hommes relativement plus
petits et plus grands, pires et meilleurs[4].

---

1. *Cf.* Waitz, II, 556 : *Si singula quaedam adversarius concessit, etiam
sententia universalis quae ex illis per inductionem probari deberet pro
concessa sumenda est, quasi necessario cogatur ex iis quae iste dederit.* – L. 34,
nous lisons, avec Pickard-Cambridge, ἐπαγαγόντα, au lieu de ἐπάγοντα.

2. Sur l'emploi de l'ἀναλογία (la similitude entre les cas particuliers),
cf. *An. post.*, I, 5, 74a18 ; II, 14, 98a20.

3. Interprétation traditionnelle, qui est celle d'Alexandre, 113, 12, et de
tous les commentateurs. La traduction de Pickard-Cambridge nous semble
téméraire. Mais il faut convenir que le texte est douteux.

4. Par un effet de contraste : le blanc, par exemple, paraît plus blanc quand
il est placé à côté du noir (Alexandre, 113, 23). – L. 6, nous lisons, avec Strache-
Wallies, καὶ μείω καὶ μείζω (*cf.* d'ailleurs la suggestion de Waitz, II, 556).

Une forte apparence d'avoir été réfuté est souvent produite par la plus sophistique de toutes les mauvaises chicanes de ceux qui interrogent, c'est quand, sans avoir rien prouvé, au lieu de poser leur proposition finale comme question ils l'établissent comme conclusion, comme s'ils avaient prouvé : *il n'est donc pas vrai que la chose soit ainsi* [1].

C'est encore un procédé sophistique quand, après avoir posé un paradoxe [2], on commence par proposer au début quelque assertion vraisemblable, et qu'on demande alors à celui qui répond de dire ce qu'il en pense, et qu'on pose sa question sur des sujets de ce genre dans la forme suivante : *Penses-tu que… ?* Car alors, si on fait entrer la question parmi les prémisses de son propre argument, il en résulte nécessairement pour l'adversaire ou bien une réfutation, ou bien un paradoxe : s'il accorde la proposition, il est réfuté ; s'il refuse de l'accorder et même de la reconnaître comme opinion vraisemblable, il commet un paradoxe ; s'il refuse de l'accorder

1. Autrement dit : ce qu'a dit celui qui répond n'est pas vrai. – *Cf.* Pacius, II, 509 : *quamvis conclusio revera non sequatur ex iis quae concessa fuerunt, tamen non interrogetur sed inferatur, quasi necessario ex concessis colligatur.*

2. Le procédé sophistique, décrit dans les lignes qui suivent, est celui-ci. Le sophiste qui veut défendre une proposition paradoxale commence par poser une proposition probable, en demandant à son adversaire (celui qui répond, et soutient la thèse probable) si elle lui semble vraie (*Penses-tu que cette proposition soit vraie ?*) Si la proposition probable entre comme prémisse dans l'argument sophistique destiné à prouver la proposition paradoxale, celui qui répond est de toute façon confondu : s'il accorde la proposition probable, il est par cela même réfuté ; s'il dit qu'elle n'est ni vraie ni probable, il commet un paradoxe (or il défend la thèse probable) ; s'il ne l'accorde pas, mais admet sa probabilité, il n'est pas réfuté mais il est dans une situation qui s'en rapproche beaucoup (*cf.* l'argumentation de Polus dans le *Gorgias*, 470d *sq.*).

mais qu'il l'admette comme opinion vraisemblable, il est alors l'objet de quelque chose de fort semblable à une réfutation.

En outre, comme on le fait dans les discours rhétoriques [1], ainsi également dans les réfutations il faut considérer si ce que dit celui qui répond est contraire soit à ses propres assertions, soit à ce que disent ou font ceux qu'il reconnaît lui-même bien dire ou bien faire, ou ceux qui paraissent généralement ainsi, ou qui leur sont semblables, ou contraire enfin à ce que disent ou font la plupart des hommes ou tous les hommes. – Et aussi, de même que souvent ceux qui répondent, quand ils se voient réfutés se dégagent au moyen d'une distinction dès que la réfutation est sur le point de les atteindre, ainsi ceux qui interrogent doivent recourir de temps en temps à ce moyen contre ceux qui leur font des objections, en précisant que si l'objection porte contre l'un des sens, elle ne porte pas contre l'autre, et que c'est ce dernier sens qu'ils ont adopté, à la façon dont procède Cléophon dans le *Mandrobulus* [2]. – Il faut aussi interrompre brusquement son argument et couper court au reste des attaques [3]; au contraire, si, en répondant, on pressent cette dérobade, on doit prendre les devants pour s'y opposer et avertir. – Il faut parfois aussi diriger ses attaques contre des choses différentes de celle qui est en question, à la condition,

1. Où il s'agit de produire la persuasion.
2. Tragédie perdue. Peut-être est-ce un dialogue de Speusippe (*cf.* Anonyme, 40, 27; I. Bywater, *Journal of Philology*, XII, 21-30; Lang, *de Speusippi Academici Scriptis*, 39-41, 52).
3. Quand, en interrogeant, on s'aperçoit qu'on court le risque d'être réfuté par une objection de celui qui répond. Celui qui répond a un rôle exactement contraire : il doit s'opposer à ce que son adversaire abandonne son argumentation, et l'avertir pour qu'il ne le fasse pas (*cf.* Waitz, II, 557. On peut comparer aussi avec le *Gorgias*, 497c).

bien entendu, qu'on n'ait point de prise pour attaquer la chose
même dont il s'agit, comme le fit Lycophron, à qui était
proposé l'éloge de la lyre[1]. Par contre, à ceux qui veulent
savoir contre quoi on dirige son attaque; étant donné qu'il est
généralement admis qu'on doit rendre compte de la cause[2] et
35 que, d'autre part, exprimer certains points met l'adversaire
davantage sur ses gardes, on se contentera de dire qu'on a en
vue d'une façon générale le résultat des réfutations, à savoir la
contradiction de la thèse, c'est-à-dire qu'on s'efforce de nier
ce qu'elle a affirmé ou d'affirmer ce qu'elle a nié : mais on ne
précisera pas qu'on essaye d'établir, par exemple, que la
science des contraires est la même, ou n'est pas la même. – On
ne doit pas demander sa propre conclusion sous forme de
prémisse[3] (tandis que pour certaines conclusions, on ne doit
40 même pas du tout les poser comme questions) : il faut les
prendre et s'en servir comme concédées.

16
<La solution des paralogismes>

175a   Nous venons d'indiquer les lieux d'où les questions sont
tirées, et comment il faut poser les interrogations dans les

---

1. Et qui passa à l'éloge de la constellation portant le même nom
(Anonyme, 40, 22 ; S. Maurus, I, 646).
2. De la cause pour laquelle on dirige son argumentation sur des points
étrangers au sujet. – La ponctuation des l. 30 *sq.* offre certaines difficultés. À
l'exemple de Pickard-Cambridge, nous mettons une virgule après εὐφυλακτό-
τερον (l. 35) et après λέγειν (l. 36), et nous la supprimons après ἐλέγχοις.
3. Cf. *Top.*, VIII, 2, 158a7, et la note de notre traduction. – L. 39, il faut
considérer ἔνια δ' οὐδ' ἐρωτητέον comme une parenthèse.

débats contentieux. Après cela, nous avons à parler de la
réponse, et dire comment il faut résoudre les sophismes, ce
qu'il faut résoudre, et quelle utilité présentent les arguments de
cette sorte [1].

Leur étude est utile à la Philosophie pour deux raisons. [5]
D'abord, étant donné que le plus souvent ils viennent du
discours, ils nous mettent dans une meilleure situation pour
voir en combien de sens chaque terme est pris, et quelles sortes
de ressemblance et quelles sortes de différence se rencontrent
tant entre les choses qu'entre leurs noms. – En second lieu, ils
sont utiles pour les recherches que nous faisons par nous- [10]
mêmes [2] : car celui qui est facilement induit en erreur par autrui
et qui ne s'en aperçoit pas, s'expose souvent à subir lui aussi
pareil sort quand il raisonne avec lui-même. – En troisième et
dernier lieu, ils sont utiles encore pour acquérir la réputation, à
savoir la réputation d'être bien exercé en toutes choses et de
n'être inexpérimenté en aucune : car celui qui, participant à
l'argumentation, critique cette argumentation sans pouvoir [15]
définir de quel vice elle est atteinte, fait naître le soupçon que
les difficultés qu'il soulève pourraient bien avoir pour cause,
non pas l'intérêt de la vérité, mais son inexpérience [3].

Ceux qui répondent peuvent voir sans peine comment il
faut riposter à des arguments de cette sorte, s'il est vrai que sont
bien exactes nos précédentes indications sur les lieux d'où
proviennent les paralogismes, et si nous avons suffisamment

1. Les arguments sophistiques (*cf.* Alexandre, 120, 30).
2. Et non plus en discutant avec autrui. – *Cf.* Waitz, II, 558 : *Quo difficilius
falsa argumentatione decipimur, eo facilius etiam vitia, quae ipsi veritatis inves-
tigandae causa nobiscum reputantes in ratiocinando admittimus, evitabimus.*
3. *Cf.* Alexandre, 121, 19 : ὑποψίαν δίδωσι γνώμης φιλονείκου καὶ
μηδὲν εἰδυίας.

distingué les différents artifices qu'emploient les Sophistes
20 dans leurs interrogations[1]. Mais ce n'est pas la même chose,
quand on prend un argument, d'en voir et d'en résoudre le vice,
et, quand on est interrogé, de pouvoir y riposter rapidement :
car ce que nous connaissons, il nous arrive souvent de l'ignorer,
une fois posé autrement[2]. En outre, de même que dans les autres
choses la rapidité[3] s'accroît par l'exercice, il en est de même
25 aussi dans les arguments, de telle sorte que si, tout en voyant
clairement la chose, nous manquons d'expérience, nous serons
souvent en retard pour saisir les occasions. Et souvent il arrive
ce qui arrive dans le tracé des figures géométriques ; car, là,
quelquefois, après avoir analysé la figure, nous ne pouvons
plus la recomposer[4] : et de même dans les réfutations, tout en
25 connaissant d'où vient l'enchaînement de l'argumentation,
nous sommes embarrassés pour renverser l'argument.

17
<Des solutions apparentes des Sophismes>

D'abord donc, de même que nous disons qu'il faut
quelquefois préférer une preuve probable à une preuve vraie,

1. Chapitres 4 à 11, et 15.
2. Faute d'exercice, nous sommes incapables de reconnaître, posé dans une interrogation, le vice que nous connaissons. Nous ne pourrons alors y répondre avec la célérité que la discussion exige.
3. L. 24, à l'exemple de Pickard-Cambridge, nous supprimons les mots καὶ τὸ βραδύτερον.
4. Toujours faute d'habitude (tout le paragraphe développe cette idée). *Cf.* Waitz, II, 559 : *In geometricis, analysi facta in synthesi conficienda interdum haeremus.* – L. 29 et 30, la virgule doit se mettre après συνεῖραι, et non avant, comme le fait l'édition Strache-Wallies (peut-être par suite d'une erreur matérielle).

de même aussi nous devons parfois résoudre les arguments
plutôt d'une manière probable que selon la vérité[1]. En effet,
c'est une règle générale qu'en combattant contre les disputeurs[2] il faut les traiter non pas comme s'ils réfutaient réellement, mais comme s'ils paraissaient seulement le faire, car 35
nous disons qu'ils ne prouvent pas leurs conclusions, de telle
sorte que c'est en vue de dissiper cette apparence que nous
opérons le redressement. Si, en effet, la véritable réfutation
est une contradiction non-homonyme à partir de certaines
données[3], point ne sera besoin de faire des distinctions dans les
termes pour éviter l'amphibolie et l'homonymie (car alors
on n'effectue pas de preuve); le seul motif pour ajouter des
distinctions, c'est que la conclusion obtenue a l'apparence
d'une réfutation véritable. Ce dont nous avons donc à nous
garder, ce n'est pas d'être réfuté, mais seulement de sembler 40
l'être, parce que l'interrogation, portant sur des amphibolies
ou sur des termes homonymes, ainsi que toutes les autres trom- **175b**
peries de ce genre, obscurcissent même la véritable réfutation,

1. C'est-à-dire : il faut que celui qui répond résolve les sophismes μὴ ἐξ
ἀληθῶν ἀλλ᾽ ἐκ φαινομένων (Alexandre, 123, 11).

2. Cf. 8, 170a12. *Syllogismi sophistici quum revera nihil cogant, quamvis
cogere videantur, non ita solvendi sunt, ut falsa argumentatione eos uti
demonstretur, sed ita ut species, qua facile decipiunt, iis adimatur, ne quia
cogere videantur, dum revera nihil cogant* (Waitz, II, 559).

3. Cf. Waitz, II, 559 : *Si vera refutationis notio ita definitur ut ex
propositionibus ab adversario concessis cogi debeat quod thesi repugnet sine
ambiguitate... non expresse numerandum est in vitiis refutationis, si quid
ambigue cogatur, quum revera nihil omnino cogatur ubi syllogismus ambiguitatem quandam habet, sed ambiguitas non nisi propterea in syllogismi vitiis
numeranda est, quod refutatio ambigua verae refutationis speciem habet : nam
argumentationis ambiguitas efficit, ut dubitetur num revera adversarius
redarguatur necne.*

en ne laissant plus reconnaître qui est réfuté et qui ne l'est pas.
En effet, puisqu'on a le droit, à la fin, quand on arrive à la
conclusion, de dire que l'adversaire a nié non pas la conclusion
qu'on a soi-même affirmée, mais seulement une conclusion
5 homonyme : même en supposant qu'il ait fait porter son argument exactement sur la même conclusion [1], le doute demeure si
on a été réfuté, car il y a doute si en ce moment [2] on dit la vérité.
Par contre, si on faisait une distinction et si on questionnait
l'adversaire sur le terme homonyme ou l'amphibolie, la réfutation ne serait plus incertaine, et, de plus, le but que poursuivent
ceux qui font des raisonnements éristiques, à la vérité moins
aujourd'hui qu'autrefois [3], à savoir que celui qui est interrogé
10 doit répondre par *oui* ou par *non*, se trouverait atteint : alors
que, de nos jours, les formes imparfaites dans lesquelles ceux
qui questionnent posent leurs interrogations, obligent celui qui
est interrogé à ajouter quelque chose à sa réponse pour corriger
le vice de la proposition posée ; car assurément lorsque celui
qui questionne fait les distinctions suffisantes, celui qui répond
est obligé de répliquer par *oui* ou par *non*.
15 Si l'on suppose [4] que l'argument dépendant de l'homonymie est une véritable réfutation, il ne sera pas possible pour

1. C'est-à-dire, même s'il n'est pas vrai que la conclusion de l'adversaire
soit ambiguë.

2. Après le raisonnement éristique.

3. *Quod autem volunt qui disputant*, dit Aristote, *ut simpliciter aut affirmet
aut neget qui respondeat* [ce que demandaient Platon et les anciens dialecticiens. *Cf.* Alexandre, 124, 18 ; Diogène Laërce, II, 134, vie de Ménédème], *id
nonnisi in iis fieri debet quae non sunt ambigua : nam si interrogatio ambigua
est, distinctione facta respondendum erit* (Waitz II, 559). Voir aussi *Top.* VIII, 7.

4. Si, contrairement à la doctrine exposée ci-dessus, on admettait que les
réfutations sophistiques sont non pas apparentes, mais réelles, on sera obligé
d'admettre que tout le monde et les savants eux-mêmes pourront être réfutés par

celui qui répond d'éviter d'être réfuté d'une certaine façon : car dans le cas d'objets tombant sous la vue, on est dans la nécessité de nier le terme qu'on a affirmé et d'affirmer ce qu'on a nié. Car le remède à cette difficulté que certains proposent n'est d'aucun secours : ils disent non pas que *Coriscus* est à la fois musicien et non-musicien[1], mais que *ce Coriscus* est musicien et *ce Coriscus* non-musicien. <En réalité, la difficulté n'est pas résolue>, car dire *ce Coriscus*, ce sera la même chose que de dire soit *ce Coriscus est musicien*, soit *ce Coriscus est non-musicien*; et c'est ce que l'interlocuteur à la fois affirme et nie. Mais il faut, si je ne me trompe, <résoudre le sophisme en disant qu'>il n'y a pas identité de signification[2],

les Sophistes, quoique d'une certaine façon seulement (car ce n'est pas une réfutation proprement dite), puisque les objets sensibles et singuliers, en tant que soumis au changement, sont souvent l'objet d'assertions contradictoires. *Cf.* l'exemple donné par Alexandre, 125, 16 *sq.*, et qui est celui-ci. Coriscus est caché sous un voile. Le sophiste demande : *sais-tu que Coriscus est musicien ?* L'adversaire, qui connaît bien Coriscus, répond *oui*. Nouvelle interrogation : *sais-tu si l'homme caché sous ce voile est musicien ?* On répond qu'on ne le sait pas, car on ne sait pas qui est caché. Alors le sophiste soulève le voile, et argumente ainsi : *Coriscus et l'homme caché sont un seul et même homme ; or tu sais que Coriscus est musicien ; donc tu sais que l'homme caché est musicien ; donc tu as dit faussement que tu ne savais pas si l'homme caché est musicien, et tu nies ce que tu as affirmé et tu affirmes ce que tu as nié.*

1. Ce qui constituerait deux assertions contradictoires à éviter. Au contraire, en distinguant par *hic* le Coriscus musicien non-caché et le Coriscus non-musicien caché, on paraît éviter la contradiction. En fait la solution proposée ne vaut rien. Dans les deux cas, il s'agit du même Coriscus.

2. Les mots τοῦτον τὸν Κορίσκον n'ont pas le même sens dans l'une et l'autre proposition, car même le nom *Coriscus* pris en lui-même n'a pas le même sens (un *Coriscus* étant caché, l'autre non). – Nous adoptons l'explication et les corrections de Waitz, II, 560, corrections acceptées d'ailleurs par Strache-Wallies. La traduction de Pickard-Cambridge ne nous semble pas sûre.

car le nom n'a pas ici non plus la même signification. Il y a
25 donc une différence. Mais assigner à l'un des personnages le
nom simple *Coriscus*, et à l'autre y ajouter *quelque* ou *ce*, c'est
là une absurdité : car nom simple et nom qualifié n'est pas plus
applicable à l'un des personnages qu'à l'autre [1], puisque, quel
que soit celui auquel on l'ajoute, cela ne fait aucune différence.

Toutefois [2], puisque, si on ne distingue pas les sens d'une
amphibolie, il reste douteux qu'on ait été réfuté ou qu'on
30 n'ait pas été réfuté, et puisque dans les arguments le droit de
distinguer est reconnu, il est clair que concéder l'interrogation
d'une façon absolue et sans faire de distinction est une erreur [3],
de telle sorte que, sinon l'intéressé lui-même, du moins son
raisonnement donne l'apparence d'avoir été réfuté. Pourtant
il arrive souvent que, tout en voyant l'amphibolie, on hésite
à faire de telles distinctions en raison du nombre très dense
35 de ceux qui proposent des questions de ce genre, afin de ne
pas paraître soulever à tout instant des difficultés [4] : alors,
quoiqu'on n'ait pas pensé que c'était là le point sur lequel
roulait l'argument, on s'exposera souvent soi-même à rencontrer le paradoxe. Par conséquent, puisque le droit de faire la

1. Mais l'est également : *eodem jure in utravis propositione nomen Corisci
et nudum et pronomine « aliquis » vel « hic » adjecto pronuntiabitur* (Waitz, II,
560-561).

2. Nécessité, pour celui qui répond, de distinguer les différents sens d'un
terme ou d'une expression ambiguë.

3. Et, en ne faisant pas les distinctions qui s'imposent entre les différents
sens du terme ou de l'expression équivoque, celui qui répond est à lui même la
cause de sa propre réfutation apparente (Alexandre, 127, 25).

4. Bien qu'on paraisse chicaner à tout instant, il ne faut pas hésiter à faire
les distinctions que les interrogations exigent : en n'osant pas exercer son droit,
on s'expose à tomber soi-même dans le paradoxe.

distinction est reconnu, on ne doit pas avoir d'hésitation, ainsi que nous l'avons dit plus haut[1].

Si on ne réunissait pas deux questions en une seule question, le paralogisme qui vient de l'homonymie et de l'amphibolie ne se produirait pas non plus, mais ou bien il y aurait réfutation véritable, ou bien il n'y en aurait aucune[2]. Quelle différence, en effet, y a-t-il entre demander si Callias et Thémistocle sont musiciens, et ce qu'on pourrait demander si tous deux, tout en étant autres, avaient un seul nom[3] ? Car si le nom exprime plus d'une chose, on a posé plus d'une question. Si donc il n'est pas juste de demander qu'on fasse simplement une seule réponse à deux questions[4], il est évident qu'il ne convient pas de faire une réponse simple à une question

40

176a

5

1. *Top.*, VIII, 7, 160a23 *sq.*

2. Il n'y aurait pas même apparence de réfutation. *Cf.* S. Maurus, I, 650 : *Si quis fecerit plures interrogationes, et non unam, non fit paralogismus, qui videatur redarguere propter aequivocationem et amphibologiam, sed vel fit verus elenchus, vel nullo pacto fit elenchus, neque verus, neque apparens; ergo signum est, quod elenchus apparens fit, quia fiunt plures interrogationes ut una; sed ad plures interrogationes factas per diversa nomina non debet dari una responsio; ergo neque ad plures interrogationes factas per unum nomen debet dari una responsio; sed interrogatio per nomen aequivocum est multi-plex : si enim duo vocentur nomine Corisci, idem est quaerere, « an Coriscus sit musicus ? » ac quaerere « utrum Themistocles, et Callias sit musicus »; ergo etiam ad interrogationes per nomina aequivoca debent afferri plures responsiones.*

3. C'est la même chose de dire : *est-ce que Callias et Thémistocle sont musiciens ?* et de dire : *est-ce que le chien* (κύων, terme équivoque) *aboie ?* Dans les deux cas, il y a plusieurs choses en jeu, qu'il y ait deux termes ou un seul (Alexandre, 128, 26).

4. Cf. *de Int.*, 11, 20b15.

homonyme, pas même si le prédicat est vrai de tous les sujets [1], comme certains le pensent. Car c'est exactement comme si on demandait : *Coriscus et Callias sont-ils à la maison, ou ne sont-ils pas à la maison ?* en supposant qu'ils soient tous deux présents ou tous deux absents : dans les deux cas, en effet, il y a plusieurs propositions, car le fait que la réponse simple est 10 vraie ne fait pas pour autant la question une. Il peut se faire, en effet, que d'innombrables autres interrogations soient posées, auxquelles on pourra répondre avec vérité par *oui* ou par *non* : mais cependant on ne doit pas y répondre par une seule réponse, car c'est la ruine de toute discussion [2]. Le cas est plutôt le même que si l'on donnait un nom identique à des 15 choses différentes [3]. Si donc on ne doit pas donner une seule réponse à deux questions, il est clair qu'il ne faut pas non plus, dans le cas de termes homonymes, dire simplement *oui* ou *non* : car parler ainsi ce n'est pas répondre du tout [4], mais c'est

---

1. En admettant même, dit Aristote, que le prédicat pût être affirmé avec vérité de tous les sens du terme homonyme unique, il n'en resterait pas moins qu'on aura affaire à une multiplicité de questions exigeant des réponses multiples, exactement comme dans le cas où on pose des questions à propos de sujets distincts tels que Coriscus et Callias : il peut être vrai soit qu'ils soient tous deux à la maison, soit qu'ils n'y soient ni l'un ni l'autre, mais il faut cependant des réponses séparées. En un mot, le terme homonyme, en raison de la diversité de ses significations, doit être considéré comme une somme de termes différents faisant l'objet de questions et de réponses différentes (Alexandre, 129, 6 *sq.*).

2. L'unité de la réponse faite par *oui* ou par *non* n'implique évidemment pas l'unité de la question.

3. Donner une seule réponse à plusieurs questions, c'est la même chose que de donner une seule réponse à un terme homonyme (Alexandre, 129, 20).

4. Car répondre c'est répondre à une question, ce qui n'est pas le cas pour les termes homonymes, où on répond en réalité à des sens qui ne sont pas en question.

simplement parler, bien que, dans le monde de ceux qui disputent, on voie là en quelque sorte une réponse[1], du fait que la conséquence qui en découle leur échappe.

Ainsi donc que nous l'avons dit[2], étant donné que certaines réfutations, tout en ne l'étant pas en réalité paraissent l'être, de la même façon aussi certaines solutions semblent l'être qui ne 20 sont pas de véritables solutions. Et ce sont celles-là que nous disons qu'il faut quelquefois apporter, de préférence aux solutions vraies, dans les raisonnements contentieux et quand on affronte le double sens d'un terme. – La réponse à donner pour les choses qui nous semblent vraies, c'est de dire *soit*[3] : car, de cette façon, il y a très peu de chances pour qu'une fausse réfu- 25 tation[4] se produise. Si, d'autre part, on est forcé de dire quelque chose de paradoxal, on doit alors avoir le plus grand soin d'ajouter *il semble*[5] : car, ainsi, on ne saurait paraître ni réfuté, ni défendre une thèse paradoxale. – Et puisque ce qu'on entend par *pétition de principe* est clair[6], et qu'on pense qu'il faut par

---

1. Grâce au préjugé, hérité des anciens dialecticiens (cf. *supra*, 175b8, et la note), qui veut que la réponse par *oui* ou par *non* soit la meilleure. – L. 17, τò συμβαῖνον = τò συμβαίνοντα παραλογισμόν.

2. 1, 164b25 (cf. aussi *Top.*, VIII, 11, 161a24 *sq.*).

3. Plutôt que ναί, *quia quae concedimus verbo ἔστω non tam quia vera sunt quam ne interroganti sine causa contradicamus quasi gratificantes ei dedisse videbimur, ut, si postea accidat, ut ex iis redarguamur, facilius ea retractare possimus* (Waitz, II, 561).

4. παρεξέλεγχος = σοφιστικὸς ἔλεγχος, διὰ τò ἔξω εἶναι τοῦ κυρίως καὶ ἀληθῶς ἐλέγχον (Alexandre, 130, 27).

5. Au lieu de dire simplement : *c'est vrai*. Alors *thesis nostra neque redargui, neque valde improbabilem eam esse demonstrari poterit* (Waitz, II, 561).

6. Autre artifice pour éviter la réfutation. – Sur la pétition de principe, cf. *supra*, 5, 167a37, note et les références. En vertu des règles de la pétition de principe, on doit refuser d'accorder des propositions voisines du problème à

tous les moyens ruiner les prémisses qui sont proches de la
conclusion, et qu'on doit refuser d'accorder certaines d'entre
30 elles en excipant que c'est faire une pétition de principe, ainsi
quand on réclame de nous une proposition telle qu'elle est la
conséquence nécessaire de notre thèse, mais est fausse ou
paradoxale, il faut opposer la même exception : car les conséquence nécessaires d'une thèse semblent bien faire partie de la
thèse elle-même. – En outre, quand l'universel a été pris non
pas sous un nom déterminé, mais par comparaison [1], il faut dire
que celui qui interroge ne le prend pas dans la conclusion au
sens où nous l'avons accordé, ni au sens où il l'a proposé
35 lui-même dans la prémisse : car c'est là un point d'où dépend
souvent aussi une réfutation.

Si ces moyens de défense nous sont interdits, il faut se
tourner vers l'argument que la conclusion n'a pas été
correctement prouvée par l'adversaire, et faire front à l'aide
de la distinction précédemment établie [2].

---

résoudre et qui le contiennent implicitement (l. 28, il faut lire ἂν = ἃ ἂν) ; de
même ici, nous pouvons échapper à la réfutation, en alléguant que telle proposition fausse ou paradoxale, qui est la conséquence nécessaire de notre thèse, en
fait partie intégrante, et que l'accorder serait poser ce qui est en question. –
L. 30, nous lisons τι τοιοῦτον.

1. Cas de l'universel ἀνώνυμον démontré par l'adversaire par une
ἀναλογία des cas particuliers (cf. *supra*, 15, 174a40, et les renvois à *An. post.*),
consistant en ce que ces cas particuliers ont une commune raison qui sert
de terme de comparaison. Si celui qui interroge tire des similitudes que nous
concédons une conclusion contraire à notre thèse, nous objecterons que nous
avons concédé la similitude en un sens tout différent de celui où il la prend (une
similitude n'étant pas une identité et comportant des différences).

2. La distinction entre les différents paralogismes tenant à l'homonymie, à
l'amphibolie, à la division, à la composition et aux autres modes selon lesquels
a lieu la réfutation apparente (Alexandre, 132, 9).

Dans le cas, donc, des noms pris au sens propre, on doit
nécessairement répondre soit simplement, soit en faisant une
distinction : pour les choses sous-entendues impliquées dans
nos propositions [1], comme par exemple quand nous répondons 40
à des questions qui ne sont pas posées d'une façon claire, mais
bien elliptique, c'est de là que peut venir la réfutation. Par 176b
exemple : *Est-ce que ce qui appartient aux Athéniens est la
propriété des Athéniens ? – Oui. – Et il en est ainsi dans les
autres cas. Mais l'homme appartient bien au règne animal ?
– Oui. – Donc l'homme est la propriété du règne animal.*
<Mais c'est là un sophisme>, car nous disons que l'homme
appartient au règne animal parce qu'il est un animal, au sens 5
où nous disons que Lysandre appartient au peuple spartiate,
parce qu'il est spartiate. On voit donc que dans les cas où la
prémisse proposée manque de clarté, on ne doit pas l'accorder
simplement.

Quand de deux choses [2] on admet généralement que si
l'une est vraie, l'autre est nécessairement vraie, tandis que si
l'autre est vraie, la première ne l'est pas nécessairement, on

---

1. Cf. *Top.*, VIII, 7. – Répondre simplement par *oui* ou par *non* à des
questions tronquées et elliptiques expose à la réfutation, comme dans l'exemple
qui suit, où la mineure (*l'homme appartient au règne animal*) est obscure, du
fait que *appartenir* veut dire ici, et il convient de le préciser, *être au nombre de*,
et non pas *être la propriété de*.

2. Par exemple, le genre et l'espèce : ce qui est dit de l'espèce n'est pas dit
nécessairement du genre, tandis que ce qui est dit du genre est dit nécessairement de l'espèce. C'est encore la relation de la proposition universelle et de
la proposition particulière. Or il vaut mieux accorder des propositions particulières (ou l'espèce) que des propositions universelles (ou le genre), parce que,
*quo magis particularia sunt quae conceduntur et quo pauciora eorum sunt
consequentia, eo pluribus adversarius eget propositionibus, ut efficiat quod
velit* (Waitz, II, 563).

peut, si on nous demande laquelle des deux est vraie, accorder
10 celle qui a la plus petite extension : car il est plus difficile de
conclure à partir d'un plus grand nombre de prémisses. Et si le
sophiste tente de faire admettre[1] qu'un terme a un contraire,
tandis que l'autre n'en a pas, en supposant que son assertion
soit vraie on devra dire que chacun des termes a bien un
contraire, mais que l'un des contraires n'a pas reçu de nom.

Et puisque, en ce qui concerne certaines de ses propres
assertions le vulgaire dirait que celui qui ne les accorde pas se
15 trompe, tandis qu'il ne le dirait pas d'autres assertions, par
exemple de toutes celles où l'opinion est partagée (car sur
le point de savoir si, par exemple, l'âme des êtres vivants
est corruptible ou immortelle, le vulgaire n'en a aucune idée
distincte), dans tous les cas où on ne voit pas bien dans quel
sens la prémisse proposée est prise habituellement, il faut
répondre : *comme les maximes*; car le vulgaire désigne du nom
de *maximes* à la fois les opinions vraies et les négations géné-
20 rales telles que *la diagonale est incommensurable*[2]. – En outre,

---

1. Si l'adversaire veut prouver que nous avons mal établi l'espèce, parce
que le genre a un contraire, tandis que l'espèce n'en a pas (violant ainsi une
règle indiquée (*Top.*, IV, 3, 123a20), il faut lui répondre, même s'il a raison, que
l'espèce a, elle aussi, un contraire, mais ἀνώνυμον (Alexandre, 133, 24-134, 6).
– Une autre explication, moins bonne, peut être donnée de ce passage (*cf.* Waitz,
II, 563).

2. Dans ce difficile passage (l. 14-20) nous adoptons, avec l'interprétation
de Waitz, la ponctuation qu'il propose et qui est celle de l'édition Strache-
Wallies; l'apodose est ainsi l. 18, aux mots ὡς αἱ γνῶμαι (*h.e.* ἀποκριτέον « ὡς
αἱ γνῶμαι »). Le sens est le suivant (Waitz, II, 563-564) : *Ubi dubitatur utra
propositio pro vera haberi soleat interrogatione bipertita proposita (τὸ
προτεινόμενον πότερον), ambigue respondendum est verbis ὡς αἱ γνῶμαι.
Nam γνώμη et veram opinionem et negationem universalem significat.* – L. 19,

dans tous les cas où l'opinion est divisée sur la vérité, dans tous
ces cas on pourra échapper le mieux à l'argument en changeant
les noms [1] : en effet, du fait qu'il est douteux dans lequel des
deux sens la prémisse est vraie, on ne paraîtra pas faire de
sophisme, et du fait que l'opinion est divisée, on ne paraîtra pas
commettre une erreur. Le changement de nom, en effet, rendra
l'argument irréfutable.   25

Enfin, toutes les fois qu'on pressent une question, il faut
aller au-devant de l'objection et parler tout d'abord : c'est de
cette façon qu'on pourra mettre le plus efficacement dans
l'embarras celui qui interroge.

18
<La véritable solution des Syllogismes sophistiques>

Puisque la solution véritable consiste à rendre manifeste le
faux raisonnement, en montrant de quelle sorte de question [2]   30
l'erreur dépend, et que le faux raisonnement est pris en un
double sens (car il y a faux raisonnement, soit si une fausse

ὅλας ἀποφάνσεις = ὅλην ἀπόφασιν τὴν καθόλου ἀπόφασιν, οἷον τὴν
οὐδείς (Alexandre, 134, 23), et, dans le langage d'Aristote, s'oppose à ἐπί τι.

1. *Si de propositionis veritate dubitatur, nomina mutare debemus : nam
quia de veritate dubitatur, qui nomen tantum mutat nihil facere videbitur quod
sophismatis speciem habeat, et quia opiniones variantur, nihil falsi dicere
videbitur : nam mutato nomine efficitur ut propositio redargui nequeat. Etenim
quum refutatio sit* συλλογισμὸς ἀντιφάσεως, *nomme mutato vera* ἀντίφασις
non cogitur ab adversario (Waitz, II, 564, qui, sur ce dernier point, renvoie à
supra, 5, 167a23).

2. Cf. *An. prior*, II, 18. – *Vera solutio est manifestatio, per quam ostenditur
syllogismum esse falsum, explicando propter quem defectum interrogationum
seu praemissarum sit falsus* (S. Maurus, I, 653).

conclusion a été obtenue, soit si le raisonnement, tout en
n'étant pas un véritable raisonnement, paraît cependant en être
un)[1], il y aura à la fois l'espèce de solution que nous venons de
décrire[2] et aussi la rectification d'une preuve purement appa-
35 rente, consistant à montrer de laquelle des questions l'apparence procède. Par conséquent, il se trouve qu'on résout les
arguments qui sont de véritables raisonnements en les détruisant, et ceux qui sont purement apparents en faisant des
distinctions. – De plus, puisque parmi les arguments qui sont
de véritables raisonnements[3], les uns ont la conclusion vraie, et
les autres la conclusion fausse, ceux qui sont faux en raison de
leur conclusion peuvent être résolus de deux façons : car on le
peut, à la fois en ruinant l'une des prémisses demandées[4], et en
40 montrant que la conclusion ne se comporte pas comme on
177a le dit[5]; ceux, d'autre part, qui sont faux en raison de leurs
prémisses[6] ne peuvent être résolus que par la destruction de
l'une d'entre elles, puisque la conclusion est vraie[7]. Par conséquent, quand on veut renverser un faux syllogisme, la première

---

1. Le vice de l'argument est soit *in materia* (on doit alors répondre par la
négation), soit *in forma* (on y répond alors en divisant l'argument en ses
prémisses, et en examinant si ὁμώνυμα ἐστι τὰ ἠρωτημένα ἤ ἄλλον τινὰ
τρόπον, ἐξ ὧν οἱ παραλογισμοὶ γίνονται. Alexandre, 136, 17).

2. Chapitre 17.

3. Mais qui, bien entendu, sont faux *in materia*. Un syllogisme peut alors
être faux, soit quand il conclut le vrai de prémisses fausses, soit quand il conclut
le faux de prémisses fausses (cf. *An. prior*, II, 2).

4. Cf. *An. prior*, II, 4, 57a36. Si une conclusion est fausse, l'une des deux
prémisses est fausse.

5. Autrement dit, en montrant, indirectement, que la conclusion est fausse.

6. Et qui ont une conclusion vraie.

7. Et qu'on ne peut pas montrer sa fausseté, puisqu'elle n'est pas fausse.

chose à faire c'est d'examiner s'il conclut ou ne conclut pas[1] ; ensuite, de voir si la conclusion est vraie ou fausse, afin de pouvoir résoudre l'argument soit en le divisant, soit en le détruisant, et en le détruisant de telle façon ou de telle autre, 5 conformément à ce que nous avons dit plus haut[2]. – Enfin, il y a une très grande différence pour résoudre un argument, suivant qu'on est interrogé ou non[3] : car il est difficile de voir à l'avance les pièges, tandis qu'il est plus facile de les voir à loisir.

19
<Solution des réfutations qui viennent de l'homonymie et de l'amphibolie>

Des réfutations qui viennent de l'homonymie et de l'amphibolie, les unes renferment une question à plusieurs 10 sens, les autres une conclusion à plusieurs acceptions : par exemple, dans la preuve que *celui qui dit des choses silencieuses parle*, c'est la conclusion qui est double[4], tandis que dans la preuve que *celui qui connaît ne comprend pas ce qu'il connaît*, c'est l'une des questions qui contient une amphi-

---

1. C'est-à-dire, s'il répond à toutes les règles de forme du syllogisme.
2. 176b36-177a2. – *Cf.* Waitz, II, 565 : *Si syllogismus ipse bene habeat, perscrutandum num conclusio sit vera an falsa, ut, si vera sit, singulis partibus ex quibus componatur cognitis* (διαιροῦντες, l. 4) *exploremus utra propositio sit falsa, si vero conclusio falsa sit, syllogismum evertemus* (ἀναιροῦντες) *ita, ut aut alteram propositionem aut conclusionem falsam esse demonstremus* (ἢ ὧδε ἢ ὧδε).
3. Quand on est interrogé, il faut répondre *in promptu*, et on n'a pas le temps de réfléchir et d'éventer les pièges (Alexandre, 137, 12).
4. *Cf.* 4, 166a12, et la note.

bolie[1]. Or ce qui présente un double sens, tantôt est vrai et
15 tantôt ne l'est pas : il signifie quelque chose qui est et quelque
chose qui n'est pas.

Toutes les fois donc qu'il y a multiplicité de sens dans la
conclusion[2], la réfutation de notre thèse n'a lieu que si le
sophiste prend aussi la contradiction de notre propre thèse[3] :
comme, par exemple, dans la preuve de *l'aveugle voir*[4], car,
sans contradiction, il n'y avait pas de réfutation. – D'autre part,
toutes les fois qu'il y a multiplicité de sens dans les questions, il
n'est pas nécessaire de nier d'abord la prémisse à double sens :
car elle n'était pas le but même de l'argument, mais seulement
20 un moyen servant à le construire[5]. Dès le début, il faut
répondre en portant son attention sur l'ambiguïté soit d'un
terme, soit d'un discours, en disant qu'en un sens il en est ainsi,

---

1. *Cf.* 4, 166a18. – L'argument en forme est le suivant. *Celui qui connaît
comprend ce qu'il connaît; or tel homme connaît des vers (les a dans sa
mémoire), donc il comprend les vers; mais il ne les comprend pas, car il est
ignorant.* La conclusion n'est pas ambiguë, c'est la mineure qui l'est : celui qui
dit que quelqu'un *sait* des vers, dit ou bien qu'il les a dans sa mémoire, ou bien
qu'il les comprend.

2. L. 16 (et aussi l. 24, *infra*), ἐν τῷ τέλει = ἐν τῷ συμπεράσματι
(Alexandre, 140, 8).

3. *Cf. An. prior,* II, 20, 66b10. – Par conséquent, doit-on ajouter (ce
qu'Aristote sous-entend), il faut éviter de concéder une proposition ambiguë.

4. *Caecum videre,* équivoque intraduisible consistant à prendre *caecum,*
tantôt comme sujet de *videre* (*l'aveugle voit*), tantôt comme complément (*voir
l'aveugle*). Or nous nions *caecum videre* au sens absurde que *l'aveugle voit,* et
le sophiste prouve *caecum videre* au sens de *voir l'aveugle,* ce qui, en raison de
l'ambiguïté, n'est pas une véritable contradiction.

5. Si la conclusion n'est pas ambiguë, mais que l'ambiguïté réside dans
l'une des prémisses, il est inutile de s'attaquer à la prémisse. *Nihil enim thesi
nostrae nocebit, si ambigua sunt ex quibus argumentatur adversarius, dum id
quod probare velit ut nos redarguat non sit ambiguum* (Waitz, II, 566).

mais qu'en un autre sens il n'en est pas ainsi, comme, par exemple, que *dire des choses silencieuses* est possible en un sens, mais impossible en un autre, et aussi, qu'en un sens *on doit faire ce qui doit être fait* et qu'en un autre sens il n'en est rien, *ce qui doit être fait* revêtant plusieurs acceptions[1]. Si pourtant l'ambiguïté nous échappe[2], c'est au moment de la conclusion qu'il faut opérer la rectification, en faisant une addition à la question et en disant : *Est-ce qu'il* 25 *est possible de dire des choses silencieuses ? – Non, mais parler de telle chose silencieuse est possible.* Et dans les cas où la multiplicité des sens réside dans les prémisses, on procède de la même façon : *On ne comprend donc pas ce qu'on connaît ? – Si, mais non pas ceux qui connaissent de la façon indiquée*[3] ; car ce n'est pas la même chose de dire *ceux qui connaissent ne peuvent pas comprendre ce qu'ils connaissent* et de dire *ceux qui connaissent de cette façon déterminée*[4] *ne peuvent pas comprendre ce qu'ils connaissent.* Et, en 30 général, celui qui répond doit combattre, même si l'adversaire tire sa conclusion d'une façon absolue[5], en disant que ce que cet adversaire a nié n'est pas la chose même qu'on a soi-même

---

1. Sur ce dernier exemple, *cf.* 4, 165b34.

2. Nous échappe ἐν ἀρχῇ. Il y a ici opposition entre ἐν ἀρχῇ, l. 20, et ἐὰν δὲ λάθῃ, l. 24. – Il faut remarquer, avec Pacius, II, 515, que la conclusion n'est pas toujours obtenue en dernier lieu, mais qu'elle est souvent posée au début comme problème à prouver.

3. Quand le mot *connaître* a le sens de *garder dans sa mémoire*. Là encore on procède par addition, comme dans l'exemple de *dire des choses silencieuses*.

4. Savoir, *garder dans sa mémoire*.

5. Sans aucune ambiguïté.

énoncée, mais seulement son nom ; et que, par suite, il n'y a pas de réfutation [1].

20
<Solution des réfutations qui viennent de la division et de la composition>

On voit aussi comment les réfutations tenant à la division et à la composition doivent se résoudre : car si le discours signifie quelque chose de différent quand il est divisé et quand il est composé, aussitôt que le sophiste tire sa conclusion on doit
35 prendre l'expression au sens contraire [2]. Tous les raisonnements tels que ceux qui suivent tiennent à la composition ou à la division : *Ce par quoi tu as vu cet homme frappé, est-ce par cela qu'il a été frappé ?* et : *Ce par quoi il a été frappé, est-ce ce par quoi tu l'as vu* [3] *?* Ce paralogisme contient bien aussi en lui
177b quelque chose d'amphibolique dans ses interrogations, mais il

---

1. *Quia elenchus requirit contradictionem ejusdem rei de eadem re : ubi igitur res est diversa, quamvis nomen sit idem, non est contradictio, proinde non est elenchus* (Pacius, II, 515).

2. Autrement dit, si le sophiste divise, il faut composer, et si le sophiste compose, il faut diviser.

3. Le sophisme doit être compris comme suit. *Ce par quoi tu as vu cet homme frappé, par cette chose là il a été frappé ; or c'est par tes yeux que tu l'as vu frappé ; donc il a été frappé par tes yeux.* Et : *Ce par quoi l'homme a été frappé, c'est ce par quoi tu l'as vu frappé ; or il a été frappé avec un bâton ; donc tu l'as vu avec un bâton.* Il est clair que le paralogisme vient de ce que ᾧ et τούτῳ (l. 37 et 38) sont joints tantôt avec le verbe εἶδες, tantôt avec le verbe τυπτόμενον (*cf.* les exemples du chap. 4, 166a23 *sq.*).

relève en réalité de la composition[1]. En effet, la signification qui dépend de la division des mots ne constitue pas réellement une double signification (car l'expression quand elle est divisée n'est plus la même), à moins d'admettre que le terme qui est prononcé, en raison de son accentuation, comme ὄρος et ὅρος, est un terme à double sens. (Dans sa forme écrite, en effet, le nom est le même quand il est écrit au moyen des mêmes 5 lettres et de la même manière, – et même là, aujourd'hui, on place un signe pour marquer la prononciation, – mais les mots tels qu'ils sont prononcés ne sont pas les mêmes)[2]. Il en résulte qu'une expression qui dépend de la division n'est pas une expression à double sens. Il est clair aussi que toutes les réfutations ne dépendent pas de l'ambiguïté, comme certains le prétendent.

1. Aristote refuse de faire rentrer le sophisme par division et par composition dans le syllogisme *per ambiguitatem* ou *per ambhiboliam*, bien qu'il renferme en apparence une certaine équivoque. Une expression n'est ambiguë que si elle demeure une et la même dans sa double signification. Or dans les sophismes par division, on ne peut vraiment pas dire qu'à la suite de la nouvelle alliance des mots il s'agit toujours de la même expression : car alors il faudrait ranger aussi parmi les termes homonymes les termes qui diffèrent par l'esprit ou par l'accent (tels que ὄρος et ὅρος) car *quo jure pro una oratione haberetur quod diverse construitur, eodem etiam ὄρος et ὅρος pro una haberentur* (Waitz, II, 566-567). Or c'est là ce que personne n'admet. Donc le sophisme par division ne se réduit pas non plus au sophisme par ambiguïté.

2. Bien que les caractères écrits soient les mêmes, la prononciation résultant de l'accentuation étant différente, il n'y a ni homonymie, ni amphibolie. – À l'exemple de Pickard-Cambridge, nous mettons les l. 4-7 entre parenthèses, et considérons la phrase κἀκεῖ (= *ubi ambigi possit de accentu vel spiritu qui ponendus erit*, Waitz, II, 567) δ' ἤδη παράσημα ποιοῦνται (= *ponent signa ad vocabula distinguenda*, Bonitz, *Ind. arist.*, 566a41) comme une petite parenthèse dans la grande. Par suite, ὥστε, l. 7, est la conclusion des l. 1-4.

10   Celui qui répond doit donc diviser l'expression, car il n'y a
pas identité entre *J'ai vu un homme frappé, avec mes yeux*, et
dire : *J'ai vu un homme, frappé avec mes yeux*. Il y a aussi
l'argument d'Euthydème [1] concluant : *Tu connais donc, main-*
tenant en Sicile, qu'il y a des trirèmes dans le Pirée. Autre
15 exemple : *Est-ce qu'un homme bon qui est cordonnier peut*
être mauvais ? – <Non.> – Mais un homme bon peut être un
mauvais cordonnier ; donc un bon cordonnier sera mauvais [2].
Autre exemple encore : *Est-ce que les choses dont la connais-*
sance est bonne sont des choses bonnes à apprendre ? – <Oui.>
– Mais la connaissance du mal est bonne, donc le mal est une
chose bonne à apprendre. – <Oui.> – Mais le mal est à la fois
un mal et une chose à apprendre, de sorte que le mal est une
mauvaise chose à apprendre, bien que la connaissance des
20 *choses mauvaises soit bonne* [3]. Et encore : *Est-il vrai de dire*
présentement que tu es né ? – <Oui.> – Tu es donc né présen-
tement. En réalité, l'expression, une fois divisée, a une autre

---

1. Sur ce sophiste, *cf.* aussi *Rhet.*, II, 24, 1401a27. – Le paralogisme est
le même que plus haut. L'adverbe νῦν peut être joint soit avec le verbe οἶδας
qui précède (*tu sais, étant maintenant en Sicile*), ce qui aboutit à une absurdité,
soit avec le verbe οὔσας qui suit (*tu sais, tu as vu, quand tu étais en Sicile, des*
navires qui sont maintenant au Pirée), ce qui donne un sens acceptable.
Conformément à Alexandre, 145, 31, nous lisons, l. 12, ἄρ' au lieu de ἆρ', et
supprimons le point d'interrogation après ὤν, l. 13.

2. Paralogisme venant de ce que σκυτεύς est joint tantôt à ἀγαθός (*le*
même est bon cordonnier et mauvais homme, ce qui donne un sens acceptable),
tantôt à μοχθηρός (*le même homme est bon cordonnier et mauvais cordonnier*,
ce qui est absurde).

3. *Cf.* Waitz, II, 567 : *Cujus doctrina bona est, id bonum est discere, mali*
doctrinam nosse bonum est, quare mali aliquid discere bonum est. At quod
malum est, id et malum est et dici potest, ut potius dicendum sit malum esse, si
quid mali discatur, quamquam mali doctrinan nosse bonum est. – L. 17,
σπουδαῖον τὸ μάθημα = σπουδαία ἡ ἐπιστήμη.

signification : car il est vrai de *dire présentement* que tu es né,
mais non de dire que tu es *né présentement*. Ou encore : *Ne*
peut-on pas dire que tu fais de la façon que tu es capable de
faire, et que tu fais les choses que tu es capable de faire ?
– <Oui.> – Mais quand tu ne joues pas de la cithare, tu as
la capacité de jouer de la cithare ; tu peux donc jouer de la
cithare, en ne jouant pas de la cithare. En réalité, on n'a pas
la capacité de - jouer - de - la - cithare - quand - on - ne - joue -   25
pas - de - la - cithare, mais seulement, quand on ne le fait pas, la
capacité de le faire [1].

Certains résolvent cette dernière réfutation d'une autre
façon encore. Si, en effet, il a été accordé qu'on fait de la façon
qu'on peut, il ne s'ensuit cependant pas, disent-ils, qu'en ne
jouant pas de la cithare on joue de la cithare : car il n'a pas été
accordé qu'on fait quelque chose de toutes les façons qu'on   30
peut le faire ; et ce n'est pas la même chose de faire *de la façon*
qu'on peut et de faire de *toutes les façons* qu'on peut [2]. – Mais il
est clair que cette solution n'est pas correcte : car des arguments qui dépendent du même lieu la solution est la même,
tandis que celle-ci ne s'appliquera pas à tous les cas de ce
genre, ni à toutes les façons de poser les interrogations : elle
vaut contre celui qui interroge, non contre son argument [3].

---

1. *Quo modo potes agere, eo modo ageres ; et quae potes agere, ea potes*
agere (Pacius, II, 517). Le paralogisme vient de la liaison de οὐ κιθαρίξων soit
avec ἔχεις δύναμιν (*en ne jouant pas on a le pouvoir de jouer,* ce qui est vrai),
soit avec κιθαρίξειν (ce qui est faux, car on n'a pas le pouvoir de-jouer-en-ne-
jouant-pas).

2. *Posse aliquem aliquid dicimus et si facultatem habet aliquid agendi et si*
nihil eum impedit quin agendi facultate quam habeat utatur (Waitz, II, 567).

3. Elle est donc elle-même sophistique, et tombe sous la critique de 8,
170a12.

21
<Solution des réfutations qui viennent de l'accentuation>

35   Il n'existe pas de paralogismes tenant à l'accentuation, soit
écrits, soit parlés, sinon peut-être en un très petit nombre et du
genre de celui-ci : *Est-ce que « là où »* (οὗ) *tu loges est une
maison ? – Oui. – Est-ce que, alors, « tu ne loges pas »* (οὐ) *est*
178a *la négation de « tu loges » ? – Oui. – Mais tu as dit que « là où »*
tu loges (οὗ) *est une maison. Donc la maison est une négation.*
La façon de résoudre cette difficulté est bien claire : car le mot
n'a pas le même sens quand on le prononce avec une accentuation aiguë et quand on le prononce avec une accentuation
grave.

22
<Solution des réfutations relevant de la forme du discours>

On voit aussi de quelle façon il faut repousser ces
paralogismes qui tiennent à ce que les choses qui ne sont pas les
5 mêmes s'expriment de la même façon, étant donné que nous
sommes en possession des genres des catégories[1]. En effet,
celui des interlocuteurs qui a été interrogé a accordé qu'un
terme exprimant une substance n'est pas attribué à une autre
chose[2], tandis que l'autre a montré que ce qui est en réalité une
quantité ou un relatif est attribué à une autre chose, bien que
paraissant exprimer une substance en raison de son expres-

1. La distinction des différentes catégories nous permettra de résoudre
cette sorte de sophisme.
2. Mais est *per se*.

sion[1]. C'est ce qui se passe, par exemple, dans l'argument
suivant : *Est-il possible de faire et d'avoir fait la même chose* 10
en même temps ? – Non. – Pourtant il est assurément possible
de voir et d'avoir vu la même chose, en même temps et sous
le même rapport. Autre exemple : *Y a-t-il une passivité qui*
soit une activité ? – Non. – Mais alors, « il est coupé », « il est
brûlé », « il est frappé par quelque objet sensible » sont des
expressions semblables, et signifient toutes quelque passivité,
et, de leur côté, « dire », « courir », « voir » sont semblables
l'un à l'autre dans leur expression[2] ; *or « voir » est assurément*
une forme de « être frappé par quelque objet sensible », de 15
sorte que c'est là en même temps pâtir et agir. En supposant
cependant que, dans ce cas, après avoir accordé qu'il n'est pas
possible de faire et d'avoir fait la même chose dans le même
temps, on dise qu'il est possible de la voir et de l'avoir vue, on
n'a pourtant pas encore été réfuté si on dit que *voir* ce n'est pas
là agir mais pâtir[3] : car cette question aussi a besoin d'être
ajoutée, bien que l'auditeur suppose qu'on l'a déjà accordée
quand on a accordé que *couper* c'est *faire* et *avoir coupé, avoir*

---

1. De telle sorte qu'il semble avoir démontré qu'une substance est affirmée
d'une autre chose (Waitz, II, 568). Il y a confusion de la substance et de l'une
des autres catégories, en raison de la similitude du λέξις. À noter que les
exemples qui suivent intéressent, non pas la confusion de la substance avec une
autre catégorie, mais la confusion de la catégorie de l'action et de la catégorie de
la passion (*agir*, d'une part, *voir* d'autre part, car *voir* est pâtir et non agir : cf. *de*
An., II, 7, 419a13).

2. Et expriment une action.

3. Il n'y a plus, en effet, confusion entre les catégories de l'action et de la
passion puisque *voir* c'est en réalité pâtir. La réfutation est donc sans portée
si l'on n'a pas soin de faire préciser, par une question supplémentaire, que
l'adversaire entend bien dire que *voir* c'est agir : il ne faut pas se contenter de le
supposer, en se fiant à la similitude du λέξις.

fait, et ainsi avec toutes les autres choses qui s'expriment de la
20 même façon : l'auditeur, en effet, ajoute de lui-même le reste,
pensant que la signification est la même, alors qu'en réalité la
signification n'est pas la même, mais elle le paraît seulement
grâce à la ressemblance du discours. La même chose se produit
25 ici[1] que dans le cas des homonymes : l'ignorant en matière
d'argumentation pense que le sophiste a nié la chose qu'il a,
lui, affirmée, et non pas seulement le nom ; alors qu'il est
encore ici besoin d'une nouvelle question portant sur le point
de savoir si on a prononcé le terme homonyme en ayant en vue
un seul de ses sens : car c'est en accordant que c'était ainsi qu'il
y aura réfutation.

Voici encore des arguments tout pareils à ceux qui
30 précèdent. On demande *si on a perdu ce qu'ayant d'abord on
n'a plus ensuite*[2], *car celui qui a perdu un seul osselet n'aura
plus dix osselets*. En réalité, ce que plutôt il a perdu, c'est *ce
qu'il n'a pas et qu'il avait auparavant*, mais il n'y a aucune

---

1. Dans le cas de similitude de l'expression. – Sur ce passage,
cf. Alexandre, 150, 25 : ὡς γὰρ ἐπ' ἐκείνων [c'est-à-dire ἐν ταῖς ὁμωνυμίαις]
οὐχ ὅ κατέφησεν ὁ ἀποκρινόμενος πρᾶγμα, ἀποφάσκει ὁ σοφιστής, ἀλλὰ
ὄνομα μὲν ταὐτόν, πρᾶγμα δὲ οὔ, οὕτω καὶ ἐνταῦτα [c'est-à-dire : ἐπὶ τῶν
παρὰ τὸ σχῆμα τῆς λέξεως] ὁ σοφιστὴς τὸ ὁρᾶν καὶ τὸ τέμνειν και τὸ
τρέχειν ὡς ὅμοια τῇ προφορᾷ λαμβάνων ἀπατᾷ λέγων καὶ τὸ ὁρᾶν ποιεῖνν
ὅπερ οὐκ ἔστιν ἔλεγχος ἀληθής. ἀλλὰ δεῖ τὸ, ἐλέγξαι ἀληθῶς μέλλοντα
ὥσπερ καὶ ἐπὶ τῶν ὁμωνύμων οὕτως καὶ ἐπὶ τούτων ποιῆσαι καὶ ἐρωτῆσαι
εἰ τὸ ὁρᾶν ποιεῖν ἐστιν.

2. Sophisme résultant de la confusion entre la substance et la quantité. Le
sophiste demande : *Celui qui avait une chose et qui ne l'a plus l'a-t-il perdue ?*
– *Oui.* – *Mais il avait dix osselets, il en a perdu un, il n'a donc plus les dix
osselets qu'il avait auparavant ; donc il a perdu dix osselets, ce qui est absurde.*
Aristote répond (ἤ, l. 31) qu'on passe indûment de la substance (ὅ, *ce qui*, l. 31)
à la quantité (ὅσα le *nombre* de choses qui, l. 32).

nécessité pour lui d'avoir perdu *autant* de choses, ou en aussi grand nombre qu'il n'a pas maintenant. Ainsi donc, la question a porté sur *ce* qu'il a, et la conclusion sur la *quantité* de choses qu'il a, puisque *dix* est une quantité. Si donc on avait demandé au début si quelqu'un n'ayant plus le nombre de choses qu'il 35 avait auparavant a perdu le nombre total, personne n'aurait accordé cela, mais il aurait seulement accordé ou bien le nombre total, ou bien l'une des choses seulement. – Il y a aussi l'argument qu'*un homme peut donner ce qu'il n'a pas, car il n'a pas seulement un unique osselet* [1]. En réalité ce qu'il a donné, c'est non pas *ce* qu'il n'avait pas, mais *de la façon* dont il ne l'avait pas, c'est-à-dire l'osselet unique. En effet, le terme *seulement* ne signifie pas une substance individuelle, ni telle qualité, ni telle quantité, mais dans quelle relation la chose se trouve avec **178b** d'autres choses, à savoir qu'elle n'est pas jointe à une autre. C'est exactement comme si, ayant demandé : *Quelqu'un peut-il donner ce qu'il n'a pas ?* et, la réponse étant négative, on demandait si quelqu'un peut donner quelque chose *rapidement* quand il ne l'a pas eue rapidement, et, la réponse étant affirmative, on concluait alors qu'un homme peut donner ce qu'il n'a pas. Il est évident qu'on n'a pas conclu : car *donner rapidement* n'est pas donner telle chose, mais donner de telle façon ; 5 or on peut assurément donner une chose d'une façon dont on ne

---

1. Sophisme venant de la confusion entre la substance et la relation. Le sophiste veut prouver qu'on peut donner ce qu'on n'a pas, attendu qu'ayant dix osselets, si on en donne un, on donne ce qu'on n'a pas. En réalité (ἤ, l. 38), c'est confondre substance et relation : le terme *seul* n'exprime pas *ce* qu'on a *id quod*, mais *comment* (*quomodo*) on l'a, c'est-à-dire si c'est avec d'autres choses ou sans autres choses.

l'a pas eue : par exemple, on peut l'avoir eue avec plaisir et la donner avec peine [1].

Sont encore semblables à ceux que nous venons de voir, tous les arguments de l'espèce suivante : *Peut-on frapper avec une main qu'on n'a pas, ou peut-on voir avec un œil qu'on n'a pas ? Car on n'a pas une seule main ou un seul œil*[2]. Certains
10 résolvent ces paralogismes en disant que celui qui a plus d'un œil ou plus d'une autre chose a aussi un seul œil. D'autres les résolvent comme ils résolvent la réfutation de l'argument suivant lequel *ce qu'on a, on l'a reçu* : car l'un des deux adversaires donnait seulement un unique caillou, et assurément l'autre, disent-ils, tient seulement de lui un unique caillou. D'autres enfin procèdent en détruisant immédiatement la question et en soutenant qu'il est possible d'avoir ce qu'on n'a

---

1. *In utroque exemplo, non quid habeat sed quomodo habeat* (μόνον ἢ μετ᾽ ἄλλου – ταχέως ἢ μὴ ταχέως) *quaeritur* (Waitz, II, 569).

2. Du fait qu'on a *deux* mains ou *deux* yeux, on ne peut pas frapper avec *une* main ou voir avec *un* œil. La véritable solution consiste à distinguer, comme dans l'exemple qui précède, entre la substance et la relation (Alexandre, 153, 9). En conséquence Aristote condamne ceux qui résolvent la difficulté en niant la conclusion ou la majeure du syllogisme sophistique :

a) Nient la conclusion ceux qui disent qu'avoir deux mains implique aussi qu'on en a une seule (l. 10-11).

b) Nient encore la conclusion ceux qui raisonnent de la même façon que dans l'exemple des osselets (*supra*, 178a30). Le sophiste veut prouver qu'on a ce qu'on n'a pas reçu ; si, par exemple, j'ai neuf osselets et que tu m'en donnes un, j'ai dix osselets, alors que je n'en ai pas reçu de toi dix, mais un. Dans ce cas on répond qu'assurément celui qui a reçu un seul osselet l'a reçu de l'autre qui l'a donné, et, par suite, il est faux de dire qu'on donne ce qu'on n'a pas (l. 11-13).

c) Enfin nient, non plus la conclusion, mais la majeure, ceux qui prétendent qu'elle est fausse, et qu'on peut avoir ce qu'on n'a pas reçu, de sorte que la difficulté disparaît immédiatement et que le raisonnement ne peut plus se poursuivre (l. 13-16).

pas reçu : par exemple, qu'ayant reçu du vin doux, on peut 15
avoir du vin aigre s'il s'est gâté [pendant qu'on le recevait].
– Mais, comme nous l'avons dit aussi plus haut[1], toutes ces
solutions s'adressent à l'homme et non à son argument. Car si
c'était là la véritable solution, en supposant qu'on accorde la
proposition opposée on ne pourrait pas trouver de solution,
ainsi que cela se produit précisément dans d'autres cas. Supposons, en effet, que la véritable solution soit : *Telle expression
est vraie en un sens et non-vraie en un autre*, alors, si celui qui 20
répond concède l'expression d'une façon absolue, la conclusion du sophiste suit. Si, au contraire, la conclusion ne suit pas,
ce ne saurait être la véritable solution : et ce que nous disons en
ce qui concerne les exemples qui précèdent, c'est que, même si
toutes les prémisses des sophistes sont accordées, cependant
aucune preuve n'est réalisée[2].

1. 20, 177b31. – Aristote va maintenant critiquer les trois prétendues
solutions exposées. En supposant que la véritable solution consistât dans la
négation de la conclusion ou de la majeure ; étant donné qu'elle doit montrer le
point même où réside le vice du raisonnement, il en résulterait qu'en concédant
comme vraie la proposition qui est opposée à ce dont la véritable solution
démontre la fausseté (l. 18, δόντα τὸ ἀντικείμενον, c'est-à-dire τούτῳ παρ᾽ ὅ
ἐστιν ὁ λόγος), on ne pourrait pas résoudre la difficulté (l. 18, οὐχ οἷόν τε
λύειν), autrement dit échapper à la réfutation. C'est exactement ce qui se passe
dans les propositions équivoques résultant de l'homonymie et de l'amphibolie :
si je ne puis échapper au sophiste qu'en disant que sa proposition est vraie en
l'un des sens et fausse en l'autre (véritable solution), je suis réfuté, et la conclusion du sophiste découle nécessairement (συμπεραίνεται, l. 20) quand je la
concède *simpliciter* et sans aucune distinction (ἁπλῶς, l. 20). Si, par contre, la
conclusion sophistique ne s'ensuit pas, c'est que la solution (la distinction des
termes équivoques) est fausse.
2. Conclusion (Waitz, II, 570) : *unde patet jure reprehensam esse eam
solutionem quam habuimus vs 10 : nam etiamsi expresse concedimus et veram
ponimus propositionem majorem in qua peccatum esse illi contendunt, tamen*

En outre, les exemples qui suivent appartiennent aussi à ce
25 groupe d'arguments : *Est-ce que ce qui est écrit, quelqu'un l'a
écrit ? – <Oui.>* – *Mais il est maintenant écrit que tu es assis,
assertion fausse mais qui était vraie au temps où elle était
écrite; donc l'assertion qui était écrite est en même temps
fausse et vraie*[1]. <Mais c'est là un sophisme> : car la vérité ou
la fausseté d'une assertion ou d'une opinion indique, non pas
une substance, mais une qualité, la même remarque s'appliquant aussi au cas de l'opinion. – Autre exemple : *Est-ce que ce
qu'apprend celui qui apprend est ce qu'il apprend ? – <Oui.>* –
30 *Mais supposons qu'il apprenne la lenteur, vite*[2]. C'est qu'en
réalité l'expression employée par le sophiste indique non pas
ce que celui qui apprend apprend, mais bien *la façon* dont
il apprend. – Autre exemple encore : *Foule-t-on aux pieds ce.
qu'on parcourt en marchant ? – <Oui.>* – *Mais on marche tout
le jour.* En réalité, ce qu'on a dit là indique, non pas *ce* sur quoi
on marche, mais le *temps* pendant lequel on marche, de même
qu'en disant *boire la coupe*, on indique non pas ce qu'on boit,

---

*revera non redarguimur, quia talem argumentationem, in qua substantia cum
relatione confunditur, revera quidquam cogere negandum est.*

1. Le sophisme a pour objet de prouver que personne n'a écrit ce qui est
écrit. Supposons Socrate assis, et qu'on ait écrit alors *Socrate est assis*. La
proposition écrite est vraie. Socrate s'étant levé ensuite, la proposition écrite est
fausse. Elle n'a donc pas été écrite, puisque c'est une proposition vraie qui l'a
été. – La solution d'Aristote commence l. 26. *Cf.* Waitz, II, 570 : *si et vera et
falsa oratio significarent* τόδε τι *et oratio, dum scriberetur, vera esset, nunc
vero falsa, sequeretur eamdem simul veram et falsam esse : nam id quod res est*
(τὸ τόδε τι) *idem manet omni tempore.* En réalité, le vrai et le faux est une
simple qualité d'une chose, et peut varier avec le temps.

2. Donc le vite est le lent, puisque ce qu'apprend celui qui apprend est ce
qu'il apprend. – Le sophisme est évident : il vient de la confusion entre *id quod*
et *quomodo*.

mais bien ce dont on se sert pour boire. – Autre exemple
encore : *N'est-ce pas soit en l'apprenant, soit en le découvrant,
qu'on connaît ce qu'on connaît ? – <Oui.> – Mais supposons* 35
*que de deux choses on ait découvert l'une et appris l'autre : les
deux choses ensemble ne sont connues par aucune des deux
méthodes* [1]. En réalité, *ce qu'on connaît* signifie, dans la conclusion, la totalité des choses, et, dans la proposition, chacune
des choses prise individuellement. – Il y a aussi l'argument
qu'il existe *un troisième homme*, distinct de l'*Homme-en-soi*
et des hommes particuliers [2]. <Mais c'est là un sophisme>, car

---

1. De telle sorte que οὐκ οἶδε τὰ ἄμφω (Waitz, II, 570). – L. 36, nous
lisons, avec Waitz, τὸ δ᾽ οὐχ ἅπαντα, et nous paraphrasons l'explication
d'Aristote qui est très concise.

2. Le sophisme est celui-ci (Alexandre, 158, 20). Si je dis *l'homme se
promène*, ce n'est ni l'Homme universel, l'Idée d'Homme (car l'Idée est
immobile : cf. notamment, *Top.*, II, 7, 113a25-31, et la note de notre traduction,
et aussi, VI, 10, 148a20), ni tel homme particulier, Socrate ou Callias, car on ne
dit pas quel homme en particulier se promène : c'est donc un troisième homme.
– Le paralogisme consiste à confondre l'universel avec un individuel de même
nom. Aristote y échappe aisément en faisant remarquer que l'Homme-en-soi
n'est pas une substance individuelle, mais, comme toutes les notions générales,
un prédicat commun applicable à une multiplicité de choses particulières. – Par
contre, ce célèbre argument du troisième homme constitue, aux yeux d'Aristote,
une objection décisive contre la théorie des Idées (cf. *Meta.* A, 9, 990b17, et la
note de notre traduction, I, p. 45, avec les références, et notamment L. Robin, *La
Théorie platonicienne des Idées*, p. 609), et tout le présent passage est manifestement dirigé contre Platon, lequel, au dire d'Alexandre (*in Meta.*, 84, 7,
Hayduck) serait responsable de cet argument. En effet, l'ἔκθεσις platonicienne
consiste à séparer entièrement des choses leurs quiddités pour en faire des substances, autrement dit à ériger des attributs communs en substances *indivi-
duelles*, ce qui est incompatible avec la notion même d'Idée (cf. *infra*, l. 179a4 ;
et *Meta.* B, 6, 1003a7 ; M, 9, 1086a32, et *passim*). C'est ce qu'Aristote reproche
à Platon dans les lignes qui suivent, et à cette conception il oppose sa propre
définition de l'ἔκθεσις (cf. *An. prior*, I, 2, 25a17, et note de notre trad., p. 8), qui

l'*Homme*, et tout prédicat commun sans exception, ne signifie pas une substance individuelle, mais une qualité, ou une quantité, ou une relation, ou quelque autre catégorie de cette sorte. De même aussi dans le cas de *Coriscus* et de *musicien*
179a *Coriscus*, il se pose la question : *Sont-ils identiques ou diffé-rents ?* Car *Coriscus* exprime une substance individuelle, et *musicien Coriscus* une qualité, de sorte qu'on ne peut pas la considérer à part ; pourtant ce n'est pas le fait de considérer la notion universelle à part qui constitue le *troisième homme*, mais le fait de la reconnaître pour une substance individuelle. En effet, l'*Homme-en-soi* ne peut pas être une substance indi-
5 viduelle, comme l'est précisément Callias [1]. Et rien ne servirait de prétendre que l'élément considéré à part est, non pas une substance individuelle, mais une qualité, car, de toute façon, il y aura quelque chose d'un en dehors de la multiplicité, comme l'était précisément *Homme*. Manifestement donc, on ne doit pas accorder que le prédicat commun à tous les individus est une substance individuelle, mais on doit dire qu'il signifie soit
10 une qualité, soit une quantité, soit quelque autre catégorie de ce genre.

23
<Règle générale pour la solution des réfutations tenant au discours>

La règle générale pour les arguments tenant au discours, c'est que la solution se fera toujours par ce qui est opposé à ce

est l'opération par laquelle l'esprit pose et considère à part, mais sans l'élever au rang de substance, une partie d'une notion, cette partie étant soit un élément contenu dans sa compréhension, soit un individu compris dans son extension.

1. L. 5, avec Pickard-Cambridge, nous mettons une virgule après Καλλίας.

dont dépend l'argument. – Par exemple, si l'argument tient à la
composition, la solution consiste dans la division, et s'il relève
de la division, la solution est dans la composition. – Si l'argument dépend d'une accentuation aiguë, la solution est une
accentuation grave, et s'il dépend d'une accentuation grave, 15
la solution est une accentuation aiguë. – Si l'argument tient à
l'homonymie, on peut le résoudre en employant le terme
opposé : par exemple, si on arrive à conclure qu'une chose est
inanimée, il faut contredire sa précédente négation que la
chose était telle, en montrant en quel sens elle est animée[1] ; si,
au contraire, on a déclaré que la chose était inanimée et que le
sophiste a conclu qu'elle était animée, il faut montrer comment
elle est inanimée. – De même encore, dans le cas de l'amphi- 20
bolie. – Et si l'argument vient de la similitude de l'expression
employée, l'opposé sera la solution[2]. Par exemple : *Peut-on
donner ce qu'on n'a pas ?* Non, on ne peut pas donner *ce* qu'on
n'a pas, mais on peut donner *d'une façon* qu'on n'a pas,
comme un osselet tout seul. Autre exemple : *N'est-il pas vrai
que la chose qu'on connaît, on la connaît parce qu'on l'a
apprise ou parce qu'on l'a découverte ?* Oui, mais non pas *les
choses* qu'on connaît, prises collectivement. Et si *un homme
foule aux pieds ce qu'il parcourt en marchant*, ce n'est pas *le* 25
temps pendant lequel il marche. Et ainsi de suite.

---

1. Si, en vertu du paralogisme, nous sommes forcés de conclure que l'être
animé n'est pas animé (*Platon enseigne ; or ce qui est inanimé, par exemple un
livre, enseigne ; donc Platon est inanimé*), il faut montrer qu'il est animé : on
prend ainsi le terme opposé au terme conclu (Alexandre, 159, 30).

2. *Ut solvantur qui fiunt* παρὰ τὸ σχῆμα τῆς λέξεως, *id quod amisso vitio
repugnet categoria cui quaeque notio subjecta sit recte constituta proferendum
esse docet* (Waitz, II, 571). Les exemples qui suivent sont clairs, si on se reporte
aux explications des chapitres précédents.

24
<Solution des réfutations tirées de l'accident>

À l'égard des arguments qui viennent de l'accident[1], c'est une seule et même solution qui s'applique à tous. En effet, puisqu'on ne sait pas bien quand on doit affirmer de la chose elle-même ce qui est affirmé de son accident, et que dans certains cas on admet généralement cette attribution, alors que 30 dans d'autres cas on nie qu'elle soit nécessaire; dans ces conditions, il faut, une fois la conclusion tirée[2], faire pour tous la même réponse, et dire qu'il n'y a pas nécessité <pour un tel attribut d'appartenir à la fois à la chose et à son accident>. Mais on doit être prêt à montrer à quelle espèce appartient cet attribut[3]. – Tous les arguments du genre de ceux qui suivent relèvent de l'accident. *Sais-tu ce que je vais te demander*[4] ? *Connais-tu celui qui s'approche ou celui qui est caché sous un voile*[5] ? *Est-ce que la statue est ton œuvre*[6] ? ou : *Est-ce que le*

1. *Cf.* 5, 166b29.

2. C'est-à-dire : *omni syllogismo quo ad rem ipsa transfertur quod de accidente praedicatur, ita occurrendum est*, etc.… (Waitz, II, 571).

3. S'il est un attribut essentiel, nécessairement lié à son sujet, ou un attribut accidentel, pouvant ou non appartenir à la chose.

4. Le sophisme est le suivant : *Sais-tu ce que je vais te demander ? – Non. – Mais est-ce que tu sais que la vertu est un bien ? – Oui. – Or c'est cela que je vais te demander. Tu sais donc ce que je vais te demander* (Alexandre, 161, 8).

5. *Connais-tu celui qui s'approche (ou qui est voilé)? – Non. – J'enlève le voile. Connais-tu cet homme ? – Oui. – Donc tu connais et tu ne connais pas le même objet* (Alexandre, 161, 12).

6. *Est-ce que la statue est une œuvre ? – Oui. – Est-ce qu'elle est à toi ? – Oui. – La statue est donc ton œuvre. Or elle est en réalité de Phidias* (Alexandre, 161, 14).

chien est ton père[1] *? Est-ce que le produit d'un petit nombre*
par un petit nombre est un petit nombre[2] *?* Il est évident que, 35
dans tous ces cas, il n'y a aucune nécessité pour que l'attribut
qui est vrai de l'accident le soit aussi de la chose[3]. En effet,
c'est seulement aux choses qui sont indifférenciées dans leur
essence et qui sont une seule et même chose, que tous les
mêmes attributs, semble-t-il bien, appartiennent; tandis que,
dans le cas d'une chose bonne, ce n'est pas la même chose
d'*être bon* et de *devoir être interrogé*; ni, dans le cas de 179b
l'homme qui s'approche ou qui est caché sous un voile, ce n'est
pas la même chose de *s'approcher* et d'*être Coriscus*; de sorte
que si je connais Coriscus et que je ne connaisse pas celui qui
s'approche, on ne peut pas dire qu'à la fois je connais et ne
connais pas le même homme; pas plus qu'on ne peut dire, si
cette chose est à moi et si elle est aussi une œuvre, qu'elle est

1. *Le chien est père? – Oui. – Il est à toi? – Oui. – Donc il est ton père*
(Alexandre, 161, 16. Sur cet exemple, voir aussi *Euthydème*, 298e).

2. *Cf.* S. Maurus, I, 662: *Paucies pauca nonne sunt pauca? Respondetur*
affirmative. – Centum paucies pauca, sunt enim decies decem; sed centum sunt
multa; ergo multa sunt pauca.

3. La solution consiste à dire que l'attribut de l'accident (*être tien*, attribut
de *père*) n'est pas nécessairement aussi l'attribut du sujet (*chien*): on ne peut
donc pas dire que le chien est *ton père*. Ce n'est que dans les choses qui sont
essentiellement une seule et même chose que ce qui est dit de l'une est dit
de l'autre: par exemple, tout attribut d'*animal raisonnable* est aussi attribut
d'*homme*. Par contre, ce qui est dit d'une chose qui n'est pas essentiellement la
même qu'une autre chose (c'est le cas de l'accident: *Coriscus* n'est le même
que l'homme voilé que par accident) n'appartient pas nécessairement à cette
autre chose. – L. 179a39, οὐ ταὐτόν ἐστιν ἀγαθῷ τ᾽ εἶναι καὶ μέλλοντι
ἐρωτᾶσθαι se rapporte au premier exemple et signifie (Alexandre, 161, 10)
οὐ ταὐτόν ἐστι τὸ τὴν ἀρετὴν ἀγαθὸν εἶναι καὶ τὸ μέλλειν ἐρωτᾶσθαι εἰ
ἔστιν ἀγαθόν (*non idem sunt... virtutem esse in bonis et quod sophista est*
interrogaturus, Pacius, II, 521).

5 mon œuvre : mais c'est seulement ou bien ma propriété, ou ma
chose, ou telle autre expression qu'on voudra. La solution a
lieu de la même façon aussi dans les autres cas.

   Certains résolvent ces réfutations en détruisant la question
posée : car ils disent qu'il est possible de connaître et de ne
pas connaître la même chose mais non sous le même rapport :
en conséquence, quand ils ne connaissent pas l'homme qui
s'approche mais connaissent Coriscus, ils prétendent connaître
10 et ne pas connaître le même objet, mais non sous le même
rapport. – Pourtant, d'abord, ainsi que nous l'avons déjà indiqué [1], il faut que la rectification des arguments qui dépendent
de la même cause soit la même. Or cette rectification n'aura
pas lieu si on adopte la même prémisse non plus à l'égard de
connaître quelque chose, mais à l'égard d'*être* ou d'*être dans
un certain état*, si on suppose, par exemple, que *tel être est
15 un père* et qu'*il est le tien* [2] : car si, dans certains cas, cela est
vrai, autrement dit s'il est possible de connaître et de ne pas
connaître la même chose, pourtant, dans le présent cas, la solution indiquée ne s'applique en rien. – Ensuite [3], rien n'empêche

---

1. 20, 177b31. – La solution proposée ne vaut rien, dit Aristote, parce
qu'elle n'est pas applicable à tous les paralogismes *ex accidente*, notamment
à ceux *qui non probant aliquid sciri vel nesciri, sed aliquid esse vel quodam
modo se habere* (Waitz, II, 571). – L. 12, παρὰ ταὐτὸ = παρὰ τὸ αὐτὸ αἴτιον
(Alexandre, 162, 4).

2. Le sophisme de l. 179a34 est ici modifié : au lieu de *savoir*, on met *est*.
On a alors : *ce chien est père, ce chien est à toi, ce chien est donc ton père*. Il est
clair qu'ici on ne pourra pas appliquer la solution proposée et pourtant le vice de
l'argument est le même (*cf.* Alexandre, 162, 5). – L. 14, ἀξίωμα = πρότασις
(Alexandre, 162, 10).

3. La simple négation de la position adoptée par le sophiste ne constitue pas
à elle seule une solution. Ce qui le prouve encore, c'est qu'en supposant
plusieurs vices dans le raisonnement, l'ἐμφάνισις de la totalité de ces vices ne

qu'un même argument soit atteint de plusieurs vices à la fois ;
mais la mise en évidence de tous ces vices ne constitue pas
une solution, car il peut se faire qu'on montre qu'une fausse
conclusion a été tirée, sans montrer d'où elle provient, comme
c'est le cas pour l'argument de Zénon prouvant qu'il ne peut y   20
avoir de mouvement. De sorte que, même si on s'efforce
d'établir que cette doctrine est une impossibilité, on se trompe,
et même si on en a donné dix mille preuves, ce n'est pas là une
solution de l'argument de Zénon : car la solution consistait
à faire voir que le raisonnement est faux, en montrant d'où
dépend sa fausseté. Si donc l'autre partie n'a en réalité rien
prouvé, ou si elle essaye d'établir, soit même une vraie propo-   25
sition, soit une fausse, c'est la mise en évidence de ce point
qui constitue la véritable solution[1]. – Rien n'empêche sans
doute que la solution proposée ne puisse s'appliquer à certains
paralogismes[2] ; mais, du moins dans les cas qui nous occupent,

suffit pas ; il faut encore montrer ce qui cause l'erreur. Par exemple (l. 20), on ne
réfute pas l'argument de Zénon sur l'impossibilité du mouvement, en se conten-
tant de dire que le mouvement existe et que sa négation entraîne mille absur-
dités : on doit encore montrer le vice de raisonnement d'où vient sa fausseté. –
L. 22, il faut supprimer εἰ.

1. *Quare si alter revera nihil coegit, quamvis videatur (quod accidit in iis
paralogismis, de quibus nunc sermo est*, ἐν τοῖς παρὰ τὸ συμβεβηκός), *sive
verum est sive falsum quod conficere velit, qui paralogismum velit patefacere
debet revera nihil coactum esse* (Waitz, II, 572). L. 24 et 25, nous lisons, avec
Waitz, ἢ καὶ ἀληθὲς ἢ ψεῦδος ἐπιχειρεῖ.

2. Troisième argument contre la solution proposée l. 7. – En supposant que,
dans certains cas, il soit possible de connaître et de ne pas connaître, on doit
avouer que, de toute façon, cette solution est inapplicable à notre exemple de
Coriscus. En effet, non seulement je connais que *Coriscus est Coriscus*, mais
encore que *celui qui approche approche* ; or *Coriscus* et *celui qui approche* sont
une seule et même personne ; donc je connais le même objet *secundum
utrumque* (*cf.* S. Maurus I, 664). En fait, cette solution ne peut s'appliquer qu'au

elle ne semble pas pouvoir être acceptée : car on connaît à la
fois que *Coriscus est Coriscus* et que *celui qui s'approche
s'approche*. On peut, semble-t-il, savoir et ne pas savoir la
30 même chose, quand, par exemple, on sait que tel homme est
blanc mais qu'on ne connaît pas qu'il est musicien : car, de
cette façon, on sait et on ne sait pas la même chose, mais non
sous le même rapport. Tandis que pour *l'homme qui s'approche*
et *Coriscus*, on sait à la fois que l'homme s'approche et que
c'est Coriscus.

Une erreur semblable à celle que commettent ceux que
nous venons de mentionner doit être imputée à ceux qui
35 résolvent le sophisme que *tout nombre est un petit nombre* [1] :
car si, alors que la conclusion n'est pas prouvée, on passe par-
dessus cette difficulté et qu'on dise que la conclusion a été
prouvée et est vraie, en s'appuyant sur ce que tout nombre est à
la fois grand et petit, on commet une erreur.

Certains encore résolvent les raisonnements ci-dessus en
disant qu'ils ont quelque ambiguïté [2], par exemple que *tel être
est ton père*, ou *ton fils*, ou *ton esclave*. Pourtant, il est évident

cas où on connaît une chose (*tel homme est blanc*) et on ne connaît pas l'autre
(que *l'homme est musicien*).

1. Cf. *supra*, 179a35. – Pour réfuter le sophisme qu'un nombre est à la fois
grand et petit, il ne suffit pas de dire que tout nombre est grand sous un certain
rapport, et petit sous un autre. Le vice consiste à ne pas s'apercevoir qu'en
réalité aucune conclusion n'a été prouvée, et à considérer qu'un véritable
syllogisme est intervenu.

2. Sur l'exemple, *cf.* 179a34. – Résoudre le sophisme en disant qu'il
renferme une ambiguïté (homonymie ou amphibolie) est une erreur : *quum dicis
« canis tuus est, canis pater est, ergo canis est tuus pater », neque singula verba,
neque sententia quam conjuncta exprimunt duplicem interpretationem admit-
tunt* (Waitz, II, 572). – L. 5, nous lisons, avec Pickard-Cambridge, σὸν ἄρα
τοῦτο τὸ τέκνον.

que si l'apparence d'une preuve dépend d'une pluralité 180a
d'acceptions, le terme, ou l'expression en question, doit être
pris en plusieurs sens propres, alors qu'en réalité personne ne
parle de A comme étant *fils de B* au sens propre, si B est le
maître du fils[1], mais la combinaison vient de l'accident. *Est-ce
que A est à toi? – Oui. – Et est-ce que A est un enfant? – <Oui>.* 5
– Donc l'enfant A est à toi, parce qu'il est accidentellement à la
fois *à toi* et *un enfant*, mais il n'est pas *ton enfant*.

Il y a aussi la preuve que l'un *des maux* est bon[2]: car la
prudence est une science *des maux*. Mais l'expression *ceci est
« de » ces choses-là* n'est pas prise en plusieurs acceptions,
mais elle signifie seulement que ceci est la propriété de ces 10
choses-là. Si cependant on prétend que cette expression revêt
plusieurs sens (car nous disons aussi que l'homme est *des
animaux*, bien qu'il n'en soit pas la propriété; et aussi qu'un
terme se rapportant à *maux* par la particule *de*, est par là même
des maux, bien qu'il ne soit pas l'un des maux), il faut dire que
les différentes significations apparentes viennent de ce que le
terme est employé d'une certaine façon ou en un sens absolu.
– Pourtant, <dira-t-on>, il est sans doute possible de trouver
une réelle ambiguïté dans l'expression *quelqu'un des maux est*

---

1. Autrement dit, il n'y a pas d'ambiguïté du terme *fils*, qui désignerait à la
fois le *fils* et l'*esclave*.

2. Autre solution par l'ambiguïté. Là encore, c'est à tort (pour l'exemple,
cf. *supra*, 17, 176a38), car l'expression τὸ τοῦτο τούτων εἶναι n'est pas
ambiguë: elle signifie une relation de propriété (κτῆμα). Même en admettant la
pluralité de sens (l. 10), rendue vraisemblable par la façon dont on dit que
l'homme est (= fait partie) *des animaux*, et que la prudence est (= se rapporte)
des maux, il faut dire que le vice vient non pas de l'ambiguïté, mais du fait qu'on
emploie *simpliciter* un terme qui doit être affirmé *quodammodo* (πῇ, l. 14): car
dire que la prudence est la science des maux, c'est dire non pas *simpliciter*
qu'elle est science des maux, mais *quodammodo* (cf. Waitz, II, 572, 573).

15 *bon*[1]. – Peut-être, mais, en tout cas, pas dans l'exemple que
nous venons de donner. L'ambiguïté est plus certaine si on dit :
Un esclave est bon « du » mauvais, bien que peut-être ce ne soit
pas complètement exact même dans ce cas, car une chose peut
être *bonne* et *de* tel être, sans être en même temps *bonne de tel
être*. Et dire que l'*homme est des animaux* n'est pas non plus
user d'une expression à sens multiple[2] : car une assertion ne
revêt pas plusieurs acceptions par cela seul qu'on l'exprime
20 d'une façon elliptique : c'est ainsi que nous exprimons *Donne-
moi l'Iliade*, en citant la moitié d'un de ses vers et en disant par
exemple : *Donne-moi : « Chante, Déesse, la colère… »*.

25
<Solution des réfutations venant de l'emploi de termes absolus ou relatifs>

Quant aux arguments qui viennent d'une expression qui est
valable pour une chose particulière ou d'un certain point de
vue, ou en un certain temps, ou d'une certaine façon, ou selon
une certaine relation, et qui ne l'est pas au sens absolu[3], on doit

---

1. Expression qui peut signifier *aliquid boni malum esse* et *aliquid boni a
malis possideri eorumque usui inservire* (Waitz, II, 573). Mais, même dans ce
cas, cela n'est pas vrai, car si un bien (un bon esclave) est d'un (= possédé par
un) mauvais maître, il ne s'ensuit pas qu'il soit un *bien de* lui.

2. Dire que *l'homme est des animaux*, c'est dire, plus brièvement, *l'homme
est une espèce du genre animal*, ou quelque chose de cette sorte : mais c'est une
expression tout aussi légitime, et qui n'entraîne pas nécessairement une
ambiguïté. C'est ainsi qu'il est permis de désigner brièvement et légitimement
l'*Iliade* par une partie de son premier vers.

3. « Sens absolu » auquel le sophiste a pris l'argument. – On doit, dit
Aristote, confronter la conclusion sophistique avec sa contradictoire, c'est-

les résoudre en considérant la conclusion comparée avec sa 25
contradiction, pour voir si quelqu'une de ces déterminations
peut l'affecter. S'il est, en effet, impossible que les contraires,
les opposés, ainsi que l'affirmation et la négation, appartiennent d'une façon absolue à la même chose, rien ne s'oppose
cependant à ce que l'un et l'autre de ces opposés n'appartiennent en même temps à la chose à un certain point de vue, ou
selon une certaine relation, ou d'une certaine façon, ou que
l'un ne lui appartienne à un certain point de vue et l'autre d'une
façon absolue[1]. Il en résulte que si l'un appartient à la chose
d'une façon absolue, et l'autre d'un certain point de vue, il n'y
a pas encore de réfutation. Et c'est là ce qu'il faut voir dans la 30
conclusion comparée avec sa contradiction.

Les arguments de l'espèce suivante ont tous ce caractère.
*Est-ce qu'il est possible que le non-être soit ? – <Non.> – Mais
il est assurément quelque chose, bien qu'il soit non-être*[2]. De
même aussi, l'être ne sera pas, car il ne sera pas quelqu'un des

à-dire avec la thèse que nous-mêmes soutenons, et voir si conclusion et contradiction sont dites toutes deux *simpliciter* ou toutes deux *secundum quid* (auquel
cas l'*elenchus* est véritable) ou si, en fait, l'une est dite *simpliciter* et l'autre
secundum quid, ou l'une *secundum quid* et l'autre *secundum aliud*, auxquels cas
il n'y a pas *elenchus*. – L. 25, εἰ ἐνδέχεται τούτων τι πεπονθέναι = *an aliquid
ejusmodi in ea [in conclusione] contingat* (Pacius, II, 844).

1. *Cf.* Waitz, II, 574 : *Nihil enim absurdi exit, si contraria vel repugnantia
simul vera sint ita ut aut utraque non simpliciter pronuntientur aut certe
alterum.* – Anonyme, 58, 15 donne les exemples de l'Éthiopien (cf. *supra*, 5,
167a11) et des Triballes (*Top.*, II, 11, 115b23).

2. Pour les deux premiers exemples, cf. *supra*, 5, 167a1. Le non-être est
δοξαστόν (*opinabile*); il *est* donc, conclut le sophiste. Mais cette conclusion ne
contredit pas notre thèse que le non-être n'est pas, car le non-être est *secundum
quid*, à savoir *opinabile*. – De même pour la conclusion sophistique que l'être
n'est pas, car il n'est ni homme, ni cheval, ni bœuf, ni rien de tout cela
(Alexandre, 170, 2-7).

35 êtres. – *Est-il possible que le même homme, en même temps,
tienne son serment et se parjure*[1] *? – Est-ce que le même
homme peut, en même temps, obéir et désobéir à la même
personne ?* – En réalité[2], il faut dire que *être quelque chose* et
être ne sont pas la même chose. D'autre part, le non-être, même
s'il est quelque chose, n'*est* pas cependant aussi au sens absolu.
De même encore, on peut dire que si un homme tient son
serment dans tel cas particulier ou selon tel point de vue, il ne le
tient pas nécessairement d'une façon absolue : car celui qui a
juré de se parjurer, tient, en se parjurant, son serment sur ce
180b point seulement, mais il ne tient pas son serment absolument ;
pas plus que celui qui désobéit, n'obéit, mais il obéit à un ordre
déterminé. – Le raisonnement est encore semblable en ce qui
concerne la question de savoir si le même homme peut, en
même temps, dire ce qui est faux et ce qui est vrai ; seulement,
du fait qu'on n'aperçoit pas aisément si le terme *absolument*
doit être attribué à ce qu'on dit de vrai ou à ce qu'on dit de faux,
5 le sophisme paraît embarrassant à résoudre. Rien n'empêche
pourtant que le discours ne soit faux au sens absolu et vrai à
quelque point de vue ou pour une chose déterminée, autrement
dit vrai dans quelques cas, mais non pas vrai au sens absolu[3].

1. Cf. *infra*, l. 39. Voir aussi *supra*, 5, 107a15, note.

2. Solution des précédents sophismes. – L. 37, nous lisons δέ au lieu de
γάρ, et nous mettons la virgule après οὐκ, de façon à faire tomber la négation
sur καὶ ἔστιν ἁπλῶς.

3. La réfutation est l. 5. – Si un discours contient quelque chose de vrai et
quelque chose de faux, il est difficile de juger s'il est vrai ou faux : *fieri enim
potest ut simpliciter [oratio] falsa sit, quodammodo vero vel certae cujusdam
rei ratione habita* (ἢ τινος, *vs* 6) *vera, ut partim quidem sit vera, quamquam
vera simpliciter dici nequeat* (Waitz, II, 574). L. 6, il faut mettre la virgule après
ἢ τινος, et non avant, comme le fait, sans doute, par une erreur matérielle,
l'édition Strache-Wallies.

– Et de même encore pour les limitations résultant de la relation, du lieu et du temps. En effet, tous les paralogismes du genre suivant dépendent de là. *Est-ce que la santé, ou la richesse, est un bien? – <Oui.> – Mais pour l'insensé, pour celui qui n'en use pas comme il convient, ce n'est pas un bien; donc c'est à la fois un bien et non un bien. Et : Est-ce que le fait* 10 *de se bien porter ou d'avoir la puissance politique est un bien? – <Oui.> – Mais il y a des circonstances où elle n'est pas un bien; donc la même chose est à la fois, pour le même homme, un bien et non un bien.* En réalité, rien n'empêche qu'une chose, tout en étant un bien absolument, ne soit pas un bien pour telle personne, ou qu'une chose, tout en étant un bien pour telle personne, ne soit cependant pas un bien à tel moment ou à tel endroit. – *Est-ce que ce que ne voudrait pas l'homme prudent est un mal? – <Oui.> – Mais il ne veut pas perdre le* 15 *bien; donc le bien est un mal.* <Mais c'est là un sophisme>, car ce n'est pas la même chose de dire *le bien est un mal* et *perdre le bien est un mal.* – Même solution encore pour l'argument du voleur : car si le voleur est mauvais, acquérir n'est pas aussi un mal; donc ce que le voleur veut n'est pas le mal, mais le bien, puisque acquérir le bien est un bien. – Aussi, la maladie est un 20 mal, mais ce n'en est pas un de se débarrasser de la maladie. – *Est-ce que le juste est préférable à l'injuste, et ce qui se fait par des moyens justes à ce qui se fait par des moyens injustes? – <Oui.> – Mais mourir injustement est préférable. Et : Est-ce qu'il est juste que chacun ait ce qui lui appartient? – <Oui.> – Mais toutes les décisions qu'un juge rend selon son opinion* 25 *personnelle, même si c'est une fausse opinion, sont valables en vertu de la loi; par suite, la même chose est à la fois juste et*

non-juste [1]. – Et encore : *Est-ce qu'il faut décider en faveur de celui qui dit des choses justes ou de celui qui dit des choses injustes ?* – <*En faveur de celui qui dit des choses justes.*> – *Mais il est juste que celui qui a subi l'injustice dise d'une manière complète ce qu'il a souffert ; or ce qu'il a souffert c'était des choses injustes.* <Mais ce sont là des sophismes>, car de ce qu'il est préférable de souffrir une chose injustement, il ne s'ensuit pas que ce qui se fait par des moyens injustes soit préférable à ce qui se fait par des moyens justes ; mais, au sens
30 absolu, ce qui se fait par des moyens justes est préférable, bien que, dans tel cas particulier, rien n'empêche que ce qui se fait par des moyens injustes ne soit préférable à ce qui se fait par des moyens justes. – De même [2], il est juste pour un homme de posséder ce qui lui appartient, et il n'est pas juste qu'il possède le bien d'autrui ; pourtant rien n'empêche que le jugement en question ne soit juste, par exemple s'il est conforme à l'opinion du juge : car de ce que c'est juste dans tel cas ou de telle façon, il ne s'ensuit pas que ce soit juste aussi absolument. – Et
35 de même encore, bien que les choses soient injustes, rien n'empêche qu'il ne soit juste de les dire : car de ce qu'il est juste de les dire, il ne s'ensuit pas nécessairement qu'elles soient justes, pas plus qu'elles ne sont utiles parce qu'il est utile de les dire. Et il en est de même pour les choses justes. Par suite, de ce que les choses dites sont injustes, il ne s'ensuit pas que celui qui dit des choses injustes doive l'emporter : car il dit des choses qui sont justes à dire, bien qu'absolument, c'est-à-dire pour les supporter, elles soient injustes.

---

1. Le sophiste veut prouver que le juste et l'injuste sont identiques, en confondant l'ordre naturel et l'ordre légal : un juge, par exemple, peut attribuer à faux la propriété au non-propriétaire.

2. Solution des sophismes exposés *supra*, l. 24 et 26.

26

<Solution des réfutations venant de l'ignoratio elenchi>

Pour les réfutations qui tiennent à la définition de la réfutation, suivant la description que nous avons donnée plus haut[1], il faut y répondre en comparant la conclusion avec sa **181a** contradiction, et voir si ce sera le même attribut, pris du même point de vue, selon la même relation, de la même manière et dans le même temps. Si cette question additionnelle est posée au début, on n'admettra pas l'impossibilité pour la même chose d'être à la fois double et non double, mais on admettra 5 que c'est possible, non pas toutefois au sens où, si nous l'acceptions, nous serions réfutés nous-mêmes[2]. Tous les arguments qui suivent dépendent d'une cause de ce genre. *Est-ce qu'en connaissant que A est A, on connaît la chose appelée A ? Et de la même façon : Est-ce qu'en ignorant <que A est A, on ignore la chose appelée A ? – Oui.> – Mais en connaissant que Coriscus est Coriscus, on peut ignorer qu'il est musicien, de telle sorte qu'à la fois on connaît et on ignore la même chose*[3]. 10 Et : *Une chose de quatre coudées est-elle plus grande qu'une de trois coudées ? – <Oui.> – Mais une chose peut grandir de trois coudées à quatre coudées en longueur. Or ce qui est plus*

---

1. 5, 167a21. – On doit confronter la conclusion sophistique avec sa contradiction, c'est-à-dire avec la thèse qu'on défend soi-même, *ut cognoscatur num conclusio quidquam admittat quod uni eorum repugnet quae ut observentur ipsa refutationis notio postulet, velut num admittat* τὸ οὐχ ὡσαύτως, *vel* τὸ οὐκ ἐν τῷ αὐτῷ χρόνῳ (Waitz, II, 575).

2. C'est-à-dire (Waitz, II, 575), *non eo sensu quo contra definitionem refutationis a nobis propositam peccetur (non simpliciter, sed adjunctis iis quae in vera refutatione observanda sunt).*

3. Il faut évidemment distinguer entre connaître et ignorer *simpliciter*, et connaître et ignorer *diverso respectu*.

*grand est plus grand que ce qui est plus petit ; par conséquent,
la chose en question sera à la fois plus grande et moins grande
qu'elle-même sous le même rapport*[1].

27
<Solution des réfutations venant de la pétition de principe>

15   Quant aux réfutations qui se font en postulant et en prenant
la proposition posée au début, si celui qui répond s'en aperçoit,
il ne doit pas concéder ce qui lui est demandé, quand bien
même ce serait probable, mais il doit dire la vérité[2]. Mais si
la pétition de principe a échappé à notre attention[3], alors, en
raison du vice des arguments de ce genre, il faut rejeter la faute
sur celui qui interroge et dire qu'il n'a pas argumenté : car une
véritable réfutation doit s'effectuer indépendamment de la
question posée au début. Il faut ajouter qu'on a accordé la
proposition en question, dans la pensée que l'adversaire ne
20 s'en servirait pas <comme d'une prémisse>, mais <comme
d'une thèse> contre laquelle il devait raisonner, – ce qui est

---

1. En réalité, comme l'indique Anonyme, 60, 11, οὐχ ἅμα οὐδ᾿ ὡσαύτως,
ἀλλὰ τὸ μὲν δύναμει τὸ δὲ ἐνεργείᾳ. On peut dire aussi οὐκ ἐν τῷ αὐτῷ
χρόνῳ (Waitz, II, 575). – *Cf.* aussi Waitz sur l'addition de l'expression κατὰ
ταὐτο. l. 14.
2. Dire à celui qui interroge que la proposition qu'il demande qu'on lui
accorde, doit être démontrée.
3. La pétition de principe peut nous échapper au début du raisonnement
(*cf.* à ce sujet, *Top.*, VIII, 13). Nous avons alors la ressource de nous rejeter sur
le vice intrinsèque du raisonnement, et de reprocher à l'adversaire d'avoir mal
argumenté, car un raisonnement (et, par suite, une réfutation) ne doit pas faire
usage de la pétition de principe (*cf.* Alexandre, 177, 10).

assurément contraire à ce qui se passe dans les fausses
réfutations[1].

28
<Solution des réfutations dues à une fausse consécution>

Les réfutations qui concluent par le conséquent doivent
être prouvées vicieuses dans l'argument lui-même. La consécution des arguments se fait de deux façons. L'argument, en
effet, est ou bien celui-ci : comme l'universel est le conséquent du particulier (par exemple, *animal* est le conséquent
d'*homme*), ainsi le particulier est le conséquent de l'universel ; 25
car on prétend que si *A* accompagne toujours *B*, *B* accompagne
aussi *A*. Ou bien l'argument procède par la voie des antithèses :
car si *A* est le conséquent de *B*, on prétend que l'opposé de *A*
sera le conséquent de l'opposé de *B*. Et c'est de là que vient
aussi l'argument de Melissus[2] : car il prétend que si ce qui a été
engendré a un commencement, ce qui est inengendré n'en a
pas, de sorte que si le Ciel est inengendré il est aussi éternel. Or 30
cela n'est pas : la consécution ne vaut que dans le sens opposé.

29
<Solution des réfutations dues à la fausse cause>

Pour les réfutations dont le raisonnement dépend de
quelque addition <étrangère à la discussion>, il faut examiner

---

1. C'est-à-dire dans les réfutations sophistiques, car, explique Waitz, II,
576, *in his propositione data quacumque ita utuntur, ut adversarium inde
redarguere studeant*.
2. *Cf.* 5, 167b12.

si cette addition une fois retranchée, la conclusion impossible n'en découle pas moins. Et s'il en est ainsi, celui qui répond doit le montrer nettement et dire qu'il a accordé l'addition en question, non pas parce qu'il la tenait pour vraie, mais pour les besoins de la discussion, alors que celui qui questionne ne s'en
35 est nullement servi pour son argument [1].

30
<Solution des réfutations tirées de la réunion de plusieurs questions en une seule>

Pour les réfutations qui réunissent plusieurs questions en une seule, on doit faire la distinction [2] immédiatement et dès le début. En effet, une question est une pour laquelle il y a une réponse une, de sorte qu'on ne doit pas affirmer ou nier, ni plusieurs choses d'une seule, ni une seule de plusieurs, mais
181b une seule d'une seule. Et, de même que dans les homonymes, où un attribut tantôt appartient aux deux sens du terme, tantôt n'appartient à aucun d'eux, de telle sorte que, bien que la question ne soit pas simple, une réponse simple n'entraîne aucun inconvénient [3], ainsi en est-il dans le cas des doubles

---

1. *Sed ne argumentationi, quam adversarius conficere vellet, dicis causa offecisse videremur, hunc vero jam non ita uti eo quod concessum sit, ut ad demonstrationem conficiendam aliquam vim habeat* (Waitz, II, 576).

2. Distinguer les différentes questions.

3. On peut, sans absurdité et sans risquer une réfutation apparente du sophiste, tantôt affirmer *simpliciter* un attribut d'un terme même équivoque, quand l'attribut appartient à tous les sens du terme (par exemple, le *chien* est un *corps*, car *corps* est un attribut du chien, entendu soit comme animal aboyant, soit comme poisson, soit comme constellation), tantôt nier *simpliciter* un attribut qui n'appartient à aucun des deux sens du terme. On peut en dire autant (l. 3)

questions. Quand donc plusieurs attributs appartiennent à un
seul sujet, ou un seul attribut à plusieurs sujets, celui qui donne
une réponse simple ne risque aucune réfutation, même quand il
a commis cette faute ; par contre, quand un attribut appartient à 5
un sujet et non à l'autre, ou encore quand on est interrogé sur le
point de savoir si plusieurs attributs appartiennent à plusieurs
sujets, et qu'en un sens les deux appartiennent aux deux, tandis
que, en un autre sens, à l'inverse, ils ne lui appartiennent pas,
c'est alors qu'il faut prendre garde [1]. Il en est ainsi dans les
arguments suivants. Si *A* est bon, et *B* mauvais, on sera amené
à conclure [2] qu'il est vrai de dire que ces choses sont bonnes 10
et qu'il est vrai de dire qu'elles sont mauvaises, et, à l'inverse,
de dire qu'elles ne sont ni bonnes ni mauvaises (car chacune
d'elles n'a pas chacun de ces caractères), de telle sorte que la
même chose sera à la fois bonne et mauvaise et ni bonne ni
mauvaise [3]. Ensuite, puisque chaque chose est identique à elle-
même et différente de tout le reste, étant donné que, <en faisant
une réponse simple à une question double>, on est amené à dire

des questions doubles, qui présentent une grande ressemblance avec les termes
ambigus ; et la réfutation n'est pas possible quand, sans faire aucune distinction,
on affirme *simpliciter* ce qui convient à la fois à toutes les questions, ou qu'on
nie *simpliciter* ce qui ne convient à aucune d'elles. Par contre (l. 6), si un attribut
doit être affirmé, et l'autre nié, ou si les deux attributs appartiennent aux deux
sujets en un sens seulement, alors, si on répond *simpliciter*, on s'expose à la
réfutation apparente du sophiste.

1. Prendre garde de ne pas donner une réponse *simpliciter*.

2. Sous-entendre : quand on fait une réponse *simpliciter* à cette question
unique en apparence, mais double en réalité.

3. *Quare demonstrabitur quae bona et mala sunt eadem esse cum iis quae
neque bona sint neque mala* (Waitz, II, 577).

que plusieurs choses[1] sont les mêmes non pas que d'autres
choses mais qu'elles-mêmes, et aussi qu'elles sont différentes
d'elles-mêmes, les mêmes choses seront à la fois les mêmes
15 qu'elles-mêmes et différentes d'elles-mêmes. Enfin[2], si ce qui
est bon devient mauvais, et ce qui est mauvais, bon, alors les
deux choses doivent toutes deux devenir deux. Ainsi, de deux
choses inégales, chacune étant égale à elle-même, il en résultera
qu'elles sont à la fois égales et inégales à elles-mêmes.

20   Ces réfutations tombent encore sous d'autres solutions
aussi. En effet, les termes *les deux choses* et *toutes les choses*
ont plusieurs significations[3], de sorte que la conclusion affirmative ou négative ne porte pas sur la même chose, si ce n'est
verbalement : or ce n'est pas là ce que nous entendons par
réfutation[4]. Mais il est clair que, si plusieurs interrogations
n'ont pas été prises pour une seule, mais que celui qui répond a

---

1. Deux choses. – On aboutit à cette absurdité (conséquence du raisonnement précédent) que les mêmes choses sont les mêmes qu'elles-mêmes, et
autres qu'elles-mêmes. – Nous suivons la leçon et la ponctuation de Strache-
Wallies, sensiblement différentes de celles de Waitz : en conséquence, nous
mettons une virgule après ἕτερον, l. 13, et lisons, l. 14, ἐκειδή au lieu de ἐπεὶ δ'.

2. *Cf.* Waitz, II, 577 : *Si quid boni corrumpitur, ut malum fiat, malum vero
pro tempore bonum est, ex uno bono fiunt duo, malum et bonum. Duo autem
quae sunt inaequalia, quum utrumque sibi ipsi sit aequale, et aequalia sibi sunt
et inaequalia.*

3. Un même sophisme, pouvant être affecté de plusieurs vices, peut donner
lieu à plusieurs solutions. Celle-ci résulte de l'ambiguïté des termes *les deux* ou
tous, qui peuvent être pris soit collectivement (*an hoc binarium sit bonum, vel
malum ?*), soit distributivement (*an hoc sit bonum, et aliud sit malum ?*). Dans le
premier sens, c'est une interrogation unique qui appelle une seule réponse ; dans
le second, il s'agit de deux interrogations auxquelles on doit apporter deux
réponses (*cf.* S. Maurus, I, 671).

4. Car la réfutation doit porter sur la chose même, et non sur son expression
verbale (*cf.* Alexandre, 181, 24).

affirmé ou nié un seul attribut d'un seul sujet, on ne pourra en tirer rien d'absurde contre lui[1].

31
<Solution des réfutations qui conduisent au verbiage et à la tautologie>

En ce qui concerne les arguments qui tendent à faire répéter plusieurs fois la même chose, il est évident qu'il ne faut pas accorder que les notions relatives présentent un sens, prises séparément et par elles-mêmes[2] : il faut dire, par exemple, que la notion de *double* ne signifie rien indépendamment de l'expression entière *double de la moitié*, car c'est en apparence seulement que l'un se trouve dans l'autre. En effet *dix* figure bien dans *dix moins un*, et *faire* dans *ne pas faire*, et en général l'affirmation dans la négation[3] ; mais pourtant si l'on dit que telle chose n'est pas blanche, on ne dit pas qu'elle est blanche. Le simple terme *double*, peut-on dire, ne signifie même sans doute rien du tout, pas plus que *la* dans *la moitié* ; et même s'il signifie quelque chose, il n'a cependant pas le même sens qu'en combinaison. – Le terme *science* n'est pas non plus la

---

1. La meilleure façon de répondre au sophiste, c'est encore de ne pas tomber dans le piège, et de faire des réponses distinctes à chacune des questions posées dans l'unique question : le sophiste ne pourra alors en tirer rien d'absurde, et aucune réfutation ne se produira (*cf.* Waitz, II, 577).

2. Aristote répond point par point aux difficultés soulevées au chapitre 13, auquel nous renvoyons.

3. Si l'on considère l'expression *dix moins un*, il est clair qu'elle renferme le mot *dix* ; et il en est de même de toute négation, qui contient verbalement l'affirmation. – L. 28, nous lisons avec Bekker, ἄνευ τοῦ διπλάσιον ἡμίσεος.

même chose dans une de ses espèces (par exemple, s'il s'agit
35 de la science médicale) que si on le prend dans son sens
général, car en ce dernier sens c'était la *science du connaissable*[1]. – Dans le cas des attributs qui sont définis par leurs
sujets[2], on doit dire aussi qu'ils ne signifient pas la même
chose quand ils sont pris à l'état séparé et quand ils sont joints
à la notion qu'ils contiennent. *Concave*, en effet, a un sens
général qui est le même pour *nez camus* et pour *jambe
cagneuse*, mais quand il est ajouté à d'autres substantifs, rien
n'empêche qu'il ne prenne des sens variés : en fait, il a un sens
182a si on l'applique à *nez*, et un autre si c'est à *jambe* : car, dans
la première liaison, il signifie *camus*, et dans la seconde
cagneux[3]; autrement dit, il n'y a aucune différence entre dire
nez camus ou *nez concave*. J'ajoute qu'on ne doit pas accorder
l'expression au cas nominatif, car c'est une erreur. En effet,
le *camus* n'est pas *nez concave*[4], mais quelque chose (par

1. Tandis que la science médicale n'est pas *science du connaissable*, mais
science de la santé et de la maladie.

2. Plus précisément : *Quae ita praedicantur de aliis, ut simul significent
notionem ejus de quo praedicentur* (Waitz, II, 578). C'est ainsi que la notion
d'*impair*, qui est affirmée de la notion de *nombre*, contient la notion de nombre
et est définie par elle. De même pour le *camus*.

3. L. 182a1, nous adoptons la leçon de Waitz, et lisons ἔνθα μὲν γὰρ τὸ
σιμόν, ἔνθα δὲ τὸ ῥαιβὸν σημαίνει.

4. Dire le *camus est le nez concave*, c'est dire deux fois la même chose (*nez,
nez concave*), puisque *camus* signifie déjà *nez concave* (Alexandre, 184, 15).
(*cf.* aussi Pacius, II, 527) : *Quoniam substantia non potest esse genus acci-
dentis; nasus autem est substantia; simum vero est accidens. Simum igitur non
est nasus curvus. Proinde non potest inferri, simum esse nasum nasum curvum.
Nam si non potest semel dici nasus, multo minus bis dici poterit. Sed definiri
debet curvitas nasi : non erit autem nugatio, si sophista colligat nasum simum
esse nasum qui habet curvitatem nasi : quia sunt diversi casus. – Cf.* aussi *Meta.*
Z, 5, 1030b28, et la note de notre traduction, I, p. 253.

exemple, une détermination) du nez ; de sorte qu'il n'y a aucune
absurdité à supposer que le nez camus est un nez possédant la 5
concavité du nez.

32
<Solution des réfutations menant au solécisme>

En ce qui concerne les solécismes, nous avons dit
antérieurement[1] de quoi ils paraissent résulter ; quant à la façon
de les résoudre, elle deviendra claire au cours des arguments
eux-mêmes. Le solécisme est le résultat visé dans tous les
arguments de l'espèce suivante. *Ce que* (ὅ, *quod*) *tu dis avec* 10
vérité, est-il vraiment « cela » (τοῦτο, *hoc*)*? – <Oui.> – Mais*
tu dis que quelque chose (τι, *aliquid*) *est un caillou* (λίθον,
lapidem); *donc quelque chose τι est λίθον.* En réalité, dire
λίθον (*lapidem*) n'est pas dire ὅ (*quod*), mais ὅν (*quem*), ni dire
τοῦτο (*hoc*), mais τοῦτον (*hunc*)[2]. Si donc on demandait :
Est-ce que celui que (ὅν, *quem*) *tu dis avec vérité est celui-ci*
(τοῦτον, *hunc*)*?* on semblerait ne pas parler grec, pas plus que
si on demandait : *Est-ce que celle que* (ἥν, *quam*) *tu dis est*
celui-ci (οὗτος, *hic*)*?* Mais appeler de cette façon un morceau 15
de bois, ou tout terme qui n'est ni masculin, ni féminin, n'a

---

1. 14, 173b26. – Les l. 7-9 doivent être comprises de la façon suivante
(S. Maurus, I, 672-673) : *Causa, propter quam videtur sequi conclusio, in qua*
committatur solœcismus. Quomodo vero solvendi sunt tales paralogismi,
patebit proponendo in particulari ratiocinationes ducentes ad solœcismum.

2. Le solécisme consiste à conserver l'accusatif de la question (λίθον) dans
la réponse, alors que c'est le nominatif qui devait être employé. (Le français ne
peut évidemment rendre ces nuances.) Aristote répond (l. 11) qu'en disant λίθον
on n'emploie pas le nominatif (ὅ ou τοῦτο) mais l'accusatif (ὅν ou τοῦτον).

aucune importance[1]. Pour cette raison aussi, aucun solécisme
ne se produit si on demande : *Ce que* (ὅ, *quod*) *tu dis, est-ce
cela* (τοῦτο, *hoc*) *? – <Oui.> – Mais tu dis que c'est un morceau
de bois* (ξύλον, *lignum*); *donc c'est un morceau de bois*
(ξύλον, *lignum*). Cependant *caillou* et *celui-ci* (οὗτος, *hic*)
ont une désignation masculine. – Supposons maintenant qu'on
demande : *Est-ce que celui-ci* (οὗτος) *peut être celle-ci*
(αὕτη) *?* et ensuite encore : *Et quoi ? Celui-ci* (οὗτος) *n'est-il*
20 *pas Coriscus ?* et qu'ensuite on ajoute : *Donc celui-ci* (οὗτος)
est celle-là (αὕτη), on n'a pas prouvé le solécisme, même si le
terme *Coriscus* signifie précisément *celle-là*, tant que celui qui
répond ne l'accorde pas, mais ce point doit avoir fait l'objet
d'une question additionnelle; tandis que si ce point n'est ni
vrai, ni concédé, alors le sophiste n'a fait sa démonstration
ni en réalité, ni contre la personne interrogée[2]. De la même
façon, alors, il faut, dans notre exemple[3], qu'il soit accordé que
25 *celui-ci* (οὗτος) signifie λίθον. Si pourtant cela n'est ni vrai, ni
concédé, il ne faut pas poser la conclusion : mais l'apparence
de solécisme vient ici de ce que le *cas* du nom, qui est en réalité

1. ξύλον étant neutre, le nominatif et l'accusatif sont les mêmes. Par suite,
le changement de cas est sans importance et passe inaperçu. – L. 15, nous lisons
οὕτως, au lieu de οὗτος.
2. L. 18-24 : *Si quis interroget num hic sit haec ? et si, postquam negaverit
alter, pergat quaerere nonne hic est Coriscus ? et deinde dicat : hic igitur est
haec, tamen, etiamsi Corisci nomen feminam significaret, solœcismum non
coegit, nisi prius alter interrogatus num Corisci nomine femina significetur hoc
ipsum concesserit* (Waitz, II, 579).
3. De la ligne 11. – Le solécisme n'est conclu, dans notre exemple (κἀκεῖ,
l. 25), que si on demande, et si l'adversaire accorde, que dire que quelque chose
est λίθον, signifie dire οὗτος et non τοῦτον (*cf.* Alexandre, 186, 21).

dissemblable, apparaît semblable au nominatif[1]. – <Autre exemple> : *Est-il vrai de dire que* αὕτη *(haec) est précisément ce que tu dis* αὐτήν *(hanc) ? –* <Oui.> *– Mais tu dis qu'elle est* ἀσπίδα *(parmam), donc elle est* ἀσπίδα *(parmam)*[2]. Non, pas nécessairement, parce que la signification du terme αὕτη n'est pas ἀσπίδα mais bien ἀσπίς : ἀσπίδα serait ce que signifie ταύτην (*hanc*). – On ne peut pas non plus dire : *Ce que tu dis être* τοῦτον *(hunc) est* οὗτος; *or tu dis qu'il est* Κλέωνα; *donc* οὗτος *est* Κλέωνα. En effet, οὗτος n'est pas Κλέωνα, car ce qu'on a dit, c'est ceci : *Ce que je dis être* τοῦτον, *c'est* οὗτος, et non τοῦτον, car la question, posée de cette dernière façon[3], ne serait même pas grecque. – <Autre exemple> : *Connais-tu cela ? –* <Oui.> *– Mais cela est* λίθος, *donc tu connais* λίθος[4]. Non. Le terme *cela* n'a pas la même signification dans *connais-tu cela* et dans *cela est un caillou* : dans le premier cas, il signifie τοῦτον, et, dans le dernier, οὗτος. – *Ce dont* (οὗ, *cujus) tu as la science, le* (τοῦτο, *hoc) connais-tu ? –* <Oui.> *– Mais tu as la science* λίθου; *donc tu connais* λίθου[5]. En réalité, l'une de ces expressions est οὗ λίθου, l'autre τοῦτο λίθον; et ce qui était accordé, c'est : *tu connais « ce »* (τοῦτο),

30

35

182b

---

1. L'accusatif du pronom neutre, dont s'est servi celui qui a interrogé (τοῦτο, l. 10; τι, l. 11), a la même forme que le nominatif, d'où une apparence de solécisme, lequel en fait n'existe pas.

2. Toujours la confusion du nominatif et de l'accusatif : ἀσπίδα, comme sujet de ἔστιν, l. 29, est un solécisme.

3. L. 34, οὕτως = *si interrogetur* ἀρ' ὅ φῂς εἶναι τοῦτον, ἐστὶ τοῦτον.

4. Au nominatif (*lapis*), alors que ἐπίστασθαι exige l'accusatif (*lapidem*). Toujours la même confusion des cas.

5. Confusion entre le génitif et l'accusatif. – L. 31, τὸ μέν = τὸ ἐπιστήμην ἔχειν, et τὸ δέ = τὸ ἐπίστασθαι. – L. 182b1, nous lisons ἐπίστασαι, au lieu de ἐπίστασθαι.

et non « *de ce* » (τούτου) *dont tu as la science, de sorte que tu connais non pas* λίθου, *mais* λίθον.

Ainsi, que les arguments de cette espèce ne prouvent pas de solécisme, mais qu'ils paraissent seulement le faire, et
5 pourquoi ils le paraissent et comment il faut leur répondre, cela résulte clairement de ce que nous venons de dire.

33
<Degrés de difficulté dans les solutions des paralogismes>

Il faut aussi remarquer que, de tous les arguments ci-dessus, il est plus facile avec les uns de voir pour quelle cause et en quoi ils trompent l'auditeur, tandis qu'avec les autres c'est plus difficile, bien que ce soit souvent les mêmes arguments que les premiers [1]. En effet, nous devons appeler identique un argument qui dépend du même lieu [2] : mais le même
10 argument peut paraître aux uns vicié en raison du discours, à d'autres, en raison de l'accident, et à d'autres encore en raison d'autre chose, parce que chacun d'eux, quand il y a changement dans ses termes [3], n'est pas aussi clair qu'il l'était. De même donc [4] que dans les paralogismes qui dépendent de l'homonymie, et qui constituent, semble-t-il bien, la forme la plus

1. *Cf.* Alexandre, 187, 7 : καίτοι πολλάκις τοὺς αὐτοὺς ὄντας τοῖς εὐκόλως ἐπιγινωσκομένοις.
2. Les arguments qui tombent sous la même espèce, qui dépendent, par exemple, de l'accident, doivent recevoir la même désignation παρὰ τὸ συμβεβηκός, même s'ils ne paraissent pas *ex accidente* (Alexandre, 187, 14).
3. *Saepe nominibus vel orationibus mutatis, videri etiam res seu paralogismos mutari ; quod tamen falsum est* (Pacius, II, 529).
4. Très longue phrase. Le second terme de la comparaison est rejeté l. 27, ὁμοίως δέ. Conformément aux indications de Pickard-Cambridge, nous avons introduit deux parenthèses dans le texte, et modifié légèrement la ponctuation.

simpliste des paralogismes, les uns sont clairs pour le premier
venu (car les arguments ridicules dépendent à peu près tous du 15
discours; par exemple: *Un homme portait sur l'échelle un
char*[1], et: *Où allez-vous? – À la vergue*[2], et: *Laquelle des deux
vaches vêlera avant? – Aucune, mais toutes deux vêleront
par derrière*[3], et: *Est-ce que Borée est pur? – Non assurément,
car il a tué le mendiant et le marchand*[4], et: *Est-ce Evarque?* 20
– Non, certes, c'est Apollonide[5]. Et ainsi de suite pour tous les
autres cas), tandis que les autres paraissent échapper aux plus
expérimentés (ce qui le montre bien, c'est que souvent il y a
désaccord sur les mots; sur le point de savoir, par exemple, si la
signification de l'être et de l'un est la même dans tous les cas,
ou si elle est différente: car, pour certains philosophes, l'être et 25
l'un ont la même signification, tandis que d'autres[6] résolvent
l'argument de Zénon et de Parménide en prétendant que l'un et
l'être se prennent en plusieurs acceptions), de même en est-il
aussi à l'égard des paralogismes venant de l'accident et de

---

1. Obscur jeu de mots; les longues explications d'Alexandre, 187, 28-189,
2, sont décevantes, et celles d'Anonyme, 64, 19, ne sont pas conformes au
texte d'Aristote. Nous croyons, avec Pacius, I, 853, et II, 529, que l'équivoque
porte sur le terme δίφρον, l. 17, qui signifie à la fois *tabouret (scamnum)* et
char (bigam). Voir une autre interprétation plus complexe, dans Pickard-
Cambridge, *ad loc.*

2. στέλλειν, signifie à la fois *partir (quo tendis?)* et *carguer la voile (ubi
velum contrahis?)*.

3. Équivoque sur ἔμπροσθεν, qui veut dire à la fois *auparavant* ou *par
devant*.

4. Jeu de mots sur καθαρός, qui signifie *pur*, au sens de serein (le vent du
Nord est pur), et *innocent* (or Borée ne l'est pas, car il tue par le froid marchand
et mendiant).

5. Calembour sur *Evarque*, qui signifie *qui rem bene ministrat* (εὖ ἄρχων),
et sur *Apollonide*, qui signifie *qui rem perdit* (ἀπολλύναι).

6. Aristote lui-même, *Phys.*, I, 2 et 3.

chacun des autres types : de ces arguments, les uns seront plus
30 faciles à apercevoir, tandis que les autres seront plus difficiles ;
et connaître à quel genre appartient un paralogisme, et s'il y a
réfutation ou s'il n'y a pas réfutation, c'est là une tâche qui
n'est pas également aisée dans tous les cas.

L'argument incisif est celui qui produit <dans l'esprit de
l'auditeur> la plus grande perplexité : car c'est celui qui est
le plus pénétrant. Et la perplexité est de deux sortes : l'une a
lieu dans les arguments qui concluent réellement, pour savoir
quelle est celle des questions[1] qu'on doit ruiner, et l'autre dans
35 les arguments éristiques[2], pour savoir comment défendre ce
que nous avons proposé au début. Aussi est-ce dans les raisonnements qui concluent réellement[3] que les arguments plus
incisifs font chercher davantage celui qui répond. L'argumentation syllogistique la plus incisive[4], c'est celle qui, partant de

1. Celle des prémisses.

2. Le syllogisme *contentiosus* est celui qui tout en paraissant conclure, ne
conclut rien en réalité, ou qui conclut de principes étrangers à la chose en
question. Cf. *supra*, 11, 171b19. – L. 35, τῶς εἴπη τις τὸ προταθέν = πῶς
ἀποκριθείς τις οὐκ ἐλεγχθήσεται (Alexandre, 191, 16).

3. Aristote commence par l'examen des syllogismes faux *in materia*
(jusqu'à l. 183a7).

4. Ce passage (l. 37-183a2) est très difficile. Voici comment il faut le
comprendre. L'argumentation *argutissima* est celle qui engendre la plus grande
perplexité chez l'adversaire. Elle y parvient en rendant impossible le choix
entre des propositions contradictoires obtenues par des syllogismes concluant à
partir des prémisses les plus probables possible. Supposons, par exemple
(Pacius, I, 854, et II, 529-530), que la thèse soit cette proposition hautement
probable : *Médée n'aimait pas ses enfants*. Le dialecticien construit alors le
syllogisme suivant :

I.   *Toutes les mères aiment leurs enfants* (prémisse hautement probable).
      Médée était mère (prémisse hautement probable) ;
      Médée aimait ses enfants (conclusion aussi probable que la thèse, qu'elle
      détruit).

prémisses qui sont les plus vraisemblables possible, détruit une conclusion qui est la plus vraisemblable possible. En effet, une seule et même argumentation, la contradiction étant transposée, rendra semblables tous les syllogismes : car, toujours, **183a** en partant de propositions probables, on prouvera une conclusion également probable, négative ou affirmative suivant le cas, et c'est précisément pourquoi on est nécessairement dans le doute. Ainsi, l'argument le plus incisif est un argument de cette espèce, c'est-à-dire qui met sa conclusion sur un pied d'égalité avec les propositions demandées [1]. – En second lieu,

Ensuite, il construit deux autres syllogismes, dans lesquels la contradictoire de la conclusion du premier (autrement dit, la thèse originale, hautement probable), est *transposée* (l. 39), suivant les règles de la *conversion* des syllogismes étudiées, *An. prior*, II, chap. 8-10, avec chacune des deux prémisses, de façon à obtenir deux nouvelles conclusions :

II.   *Toutes les mères aiment leurs enfants* (prémisse hautement probable) ;
     Médée n'aimait pas ses enfants (prémisse hautement probable) ;
     Médée n'était pas mère (conclusion hautement probable, venant de prémisses hautement probables ; et aussi probable que la *mineure* probable du premier syllogisme, mineure qu'elle détruit).

III. *Médée n'aimait pas ses enfants* (prémisse hautement probable) ;
     Médée était mère (prémisse hautement probable) ;
     Quelques mères n'aiment pas leurs enfants (conclusion hautement probable, et aussi probable que la *majeure* probable du premier syllogisme, majeure qu'elle détruit).

Ces trois syllogismes sont ὅμοιοι (l. 39), en ce que chacun d'eux détruit une proposition hautement probable par le moyen d'une conclusion obtenue au moyen de prémisses hautement probables, et, par suite, elle-même hautement probable. Ils produisent tous ensemble le maximum de perplexité, parce que, pour chacune des trois propositions hautement probables, la contradiction est montrée comme étant aussi hautement probable.

1. *Quum conclusio negata eandem semper probabilitatem habeat quam propositiones, ut, si cum altera propositione conjungatur, conclusio aeque improbabilis exeat quam prima* (Waitz, II, 580).

vient l'argument qui part de prémisses qui sont toutes égale-
5 ment probables : car il produit en nous un embarras égal pour
savoir laquelle des prémisses demandées il faut détruire. Or il y
a là une difficulté : on doit assurément détruire une prémisse,
mais on ne voit pas bien celle qu'il faut détruire. – Passons aux
arguments éristiques[1]. Le plus incisif est celui qui, en premier
lieu, est caractérisé par l'incertitude initiale de savoir s'il a bien
conclu ou non[2], et aussi si la solution dépend d'une fausse
prémisse ou d'une distinction à effectuer[3]. – Le second rang,
10 parmi les arguments éristiques restants, est occupé par celui
dont la solution dépend clairement d'une distinction ou d'une
destruction, mais qui pourtant ne révèle pas d'une façon évidente quelle est celle des prémisses demandées dont la destruction ou la distinction apportera la solution, mais laisse même
dans le vague si c'est de la conclusion ou de l'une des questions
posées que l'erreur[4] dépend.

Parfois aussi l'argument qui ne conclut pas est inepte, si les
15 données sont par trop improbables ou fausses ; mais parfois
pourtant il ne mérite pas le mépris. Quand, en effet, est laissée
de côté une de ces questions au sujet de laquelle et par laquelle

---

1. Examen des arguments faux *in forma*.

2. Voir si, par exemple, en raison de l'homonymie du moyen terme, il n'y a
pas quatre termes au lieu de trois.

3. *Dubitatur utrum solutio sit petenda ex falsitate an ex distinctione, id est
utrum aliqua propositio sit simpliciter neganda tanquam falsa, an distinctio sit
necessaria, quid propositio partim sit vera, partim falsa* (Pacius, II, 530).
Cf. aussi, 18, 176b35.

4. L. 12, αὕτη = ἡ ἀπάτη (Alexandre, 193, 22). – Dans ce second groupe
d'arguments éristiques, *certum est esse solvendas [argumentationes] per negationem vel per distinctionem ; sed ignoratur utra propositio sit neganda, vel utri
sit distinctio accommodanda ; immo utrum distinctio sit accommodanda
alterutri propositioni an conclusioni* (Pacius, II, 530).

l'argument s'effectue[1], le raisonnement qui a, à la fois, négligé
de l'ajouter et aussi de conclure correctement, est un raisonnement inepte ; mais quand ce qui est laissé de côté est quelque
chose d'étranger à l'argumentation elle-même, alors il n'est
d'aucune façon digne de mépris, mais l'argument est acceptable, bien que celui qui interroge n'ait pas posé correctement 20
ses questions.

De même qu'on peut donner une solution en s'en prenant
tantôt au raisonnement, tantôt à celui qui interroge et à sa
question, tantôt enfin à rien de tout cela[2], de même aussi on
peut interroger et conclure en s'en prenant et à la thèse, et à
celui qui répond, et même au temps, toutes les fois que la
solution exige plus de temps qu'on n'en peut consacrer à la 25
discussion en cours.

34
<Conclusion générale>

De combien de façons et de quelles façons se produisent,
dans les discussions, les paralogismes[3] ; comment nous

---

1. Quand on omet une proposition qui intéresse à la fois le sujet (περὸ οὖ)
et le nerf (δι' ὅ) de l'argument qui, sans elle, ne peut exister, alors l'argumentation est εὐήθης (*fatua, inepta*) ; mais si ce qui est laissé de côté est quelque
chose qui ne se rapporte pas à l'argumentation elle-même, *sed unde propositiones ex quibus cogitur confirmentur et veri similiores reddantur* (Waitz, II,
581), alors l'argumentation ne doit pas être condamnée absolument, en dépit du
reproche qu'encourt celui qui interroge.

2. Mais au temps. Cf. *Top.*, VIII, 10, 161a9. – L. 26, nous supprimons les
mots τὸ διαλεχθῆναι πρὸς τὴν λύσιν, qui sont évidemment une glose de ἡ
λύσις (*cf.* Waitz, II, 581).

3. Chapitres 1-11, du présent traité.

montrerons que notre adversaire commet une erreur, et le
ferons dire des paradoxes[1]; de plus, de quoi résulte le solé-
30 cisme[2], et comment il faut questionner, et quel est l'ordre à
mettre dans les questions[3]; en outre, à quoi sont utiles tous les
arguments de cette sorte[4], et, en ce qui concerne la réponse, à la
fois ce qu'elle est en général[5] et comment résoudre les arguments et les solécismes[6] : tout cela doit être suffisamment
éclairci par nos précédentes explications. Il ne nous reste plus,
35 après avoir rappelé notre programme du début[7], qu'à en dire
quelques mots et à poser le point final à toute notre discussion.

Notre programme était donc de découvrir une certaine
capacité de raisonner[8] sur tout sujet proposé, en partant de
prémisses les plus probables possible. Car c'est là l'œuvre
de la Dialectique prise en elle-même, et de la Critique[9]. Mais
183b comme on demande en outre à la Dialectique, en raison de sa
parenté avec la Sophistique, non seulement d'être capable
d'éprouver la valeur de l'adversaire d'une manière dialectique,
mais aussi de paraître connaître la chose en discussion[10], c'est

---

1. Chapitre 12.
2. Chapitre 14. – L. 30 et 33, les commentateurs s'accordent à lire
σολοικισμός et σολοικισμούς, au lieu de συλλογισμός et συλλογισμούς
(*contra*, cependant, Waitz).
3. Chapitre 15.
4. Chapitre 16.
5. Chapitres 16, 17, 18.
6. Chapitres 19 *sq*. – L. 33, τοὺς λόγους désigne les arguments qui ont
l'apparence des syllogismes, mais qui n'en sont pas en réalité.
7. *Top.*, I, 1, *init.*
8. *Ibid.*
9. Qui est une partie de la Dialectique (cf. *supra*, 8, 169b25).
10. Comme le fait le sophiste, qui prétend connaître ce qu'il ignore, et, par
suite, joue le rôle non seulement de celui qui interroge, mais répond aussi à

pour cette raison que nous nous sommes proposé dans cette
étude non pas seulement la tâche dont nous parlions, à savoir la 5
capacité de tirer parti de ce que l'adversaire a concédé, mais
encore, quand, dans la discussion, nous répondons nous-même,
la capacité de défendre notre thèse de la même façon, au moyen
des arguments les plus vraisemblables possible. Nous en avons
indiqué la cause[1] : et c'est aussi pourquoi Socrate interrogeait
et ne répondait pas, car il avouait ne pas savoir. Nous avons
expliqué, au cours de ce qui précède, pour combien de pro-
blèmes et au moyen de combien de lieux cela s'accomplira[2], et
aussi où nous trouverons des matériaux en abondance[3]. Nous 10
avons montré, en outre, comment interroger et l'ordre à suivre
dans toute interrogation[4], ainsi que ce qui a trait aux réponses
et aux solutions à employer à l'encontre des raisonnements de
celui qui interroge[5]. Nous avons encore éclairci tout ce qui se

toutes les interrogations et défend sa propre thèse. En un mot, Aristote déclare
ici qu'il a voulu mettre son auditeur dans la meilleure situation possible non
seulement pour jouer le rôle critique de celui qui interroge, mais encore le rôle
défensif de celui qui répond, comme n'hésite pas à l'assurer le sophiste lui-
même (cf. Waitz, II, 581). – L. 4, τὸ λόγον λαβεῖν = *quomodo interrogandum et
utendum sit iis quae adversarius concesserit* (Waitz, II, 581).

1. 1, 165a19-27. – *Haec doctrina et scientia magis apparet in thesibus
defendendis quam in oppugnandis : quod* Aristote *confirmat argumento
Socratis, qui non solebat theses defendere, sed potius interrogare sophistas et
contra eos opponere, quasi vellet ab eis discere : propterea quod profitebatur
se nihil scire : qui vero thesim defendit, se eam thesim scire profitetur* (Pacius,
II, 531).

2. À savoir, τὸ τε ἐρωτᾶν καὶ λόγον ὑπέχειν (Alexandre, 196, 22). – L. 9,
πρὸς πόσα καὶ ἐκ πόσων se réfère à *Top.*, I, 4, 5 et 8.

3. *Top.*, II à VII.

4. *Top.*, VIII, 1, 2 et 3.

5. *Top.*, VIII, 4 *sq.*

rapporte à la même méthode de discussion[1]. À cela nous avons
ajouté une étude détaillée des paralogismes[2], ainsi que nous
l'avons déjà dit plus haut[3].

15   On voit donc que nous avons adéquatement rempli notre
programme. Mais nous ne devons pas omettre d'indiquer ce
qui caractérise cette étude. En effet, parmi toutes les découvertes, les unes reçues de mains étrangères et antérieurement
élaborées, ont progressé peu à peu par les soins de ceux qui les
20 ont ensuite recueillies; au contraire, les découvertes originales
n'ont pris d'ordinaire au début qu'un accroissement très faible,
mais pourtant beaucoup plus utile que leur développement
ultérieur[4]. Car, sans doute, en toutes choses, c'est, comme on
dit, « le point de départ qui est le principal », et qui, pour cette
raison, est aussi le plus difficile : plus, en effet, ses possibilités
sont riches, plus son étendue actuelle est faible, et, par suite,
25 plus il est difficile à voir; mais une fois découvert, on peut plus
facilement y ajouter et développer le reste. C'est précisément
ce qui s'est produit pour les discours rhétoriques et pour
presque tous les autres arts. En effet, ceux qui en ont découvert
les principes n'ont fait, à tout prendre, progresser ces arts que
faiblement, tandis que nos célébrités actuelles sont, pour ainsi
30 dire, les héritiers d'une longue succession d'auteurs qui n'ont
fait progresser ces arts que peu à peu, et les ont développés au
point où nous les voyons aujourd'hui : Tisias[5], après les fonda-

---

1. Par exemple, l'exercice dialectique (*Top.*, VIII, 14).
2. Objet des *Sophisticis Elenchis*.
3. 183a27.
4. Cf. *Meta.* α, 1, 993b18.
5. Sur Tisias, rhéteur sicilien, qui fut, avec son maître Corax, le fondateur de la Rhétorique, *cf.* aussi (t. V de l'édition Bekker) fragment 131,
1500b10 (Cicéron, *Brutus*, 12, Quintilien, 3, 1, 8-13). – Sur Thrasymaque de

teurs, puis Thrasymaque après Tisias, puis, après, Théodore, et
beaucoup d'autres qui ont apporté leurs contributions particulières. Et c'est pourquoi il n'y a rien d'étonnant que l'art ait
atteint une ampleur considérable. – Au contraire, en ce qui
concerne la présente étude, on ne peut pas dire qu'une partie en
ait été précédemment élaborée, et qu'une autre ne l'ait point 35
été : en réalité, rien n'existait du tout. Car l'éducation donnée
par les professeurs qui, moyennant salaire, enseignaient les
arguments éristiques, était pareille à la pratique de Gorgias[1].
En effet, ils transmettaient pour apprendre par cœur, les uns
des discours rhétoriques, les autres des discours sous forme
de questions, sous lesquels ils pensaient que retombent le plus
souvent les arguments des deux interlocuteurs. Aussi l'ensei- 184a
gnement qu'ils donnaient à leurs élèves était-il rapide, mais
grossier. Enseignant non pas l'art, mais les résultats de l'art, ils
s'imaginaient qu'en cela consistait l'éducation : c'est comme
si, prétendant transmettre la science de n'avoir pas mal aux
pieds, on enseignait à quelqu'un non pas l'art de faire des 5
chaussures ni même à savoir se procurer des choses de ce
genre, mais on se bornait à lui présenter plusieurs espèces de
chaussures de toutes sortes ; ce serait là lui donner un secours
pratique, mais non pas lui transmettre un art. – En outre, sur les
matières de Rhétorique, il existait des travaux nombreux et
anciens, tandis que sur le raisonnement nous n'avions absolu- 184b
ment rien d'antérieur à citer, mais nous avons passé beaucoup

---

Chalcédoine, auteur d'un traité et de *Ressources oratoires*, cf. *Rhet.*, III, 8,
1409a2 ; 11, 1413a8. – Sur Théodore, *Rhet.*, III, 11, 1412a25, et fragment 131,
cité ci-dessus.
1. Et ne valait pas mieux qu'elle. La méthode de Gorgias et celle des
Sophistes consistait non pas à transmettre les règles de l'art, mais à donner à
leurs disciples des discours tout faits sur des sujets rebattus.

de temps à de pénibles recherches. Si donc il vous semble, après examen, que, tel étant l'état de choses existant au début, notre investigation tient un rang honorable par rapport aux
5 autres disciplines dont la tradition a assuré le développement, il ne vous restera plus, à vous tous, à tous ceux qui ont suivi ces leçons, qu'à montrer de l'indulgence pour les lacunes de notre enquête, et beaucoup de reconnaissance pour les découvertes qui y ont été faites[1].

---

1. Ce témoignage qu'Aristote se rend à lui-même dans le domaine de la Dialectique peut être étendu avec justice à l'Analytique. La postérité a d'ailleurs ratifié ce jugement : voir, en particulier, le célèbre passage de la *Critique de la Raison pure* (trad. Pacaud et Tremesaygues, préface de la 2ᵉ éd., p. 18) où Kant reconnaît que la Logique a été constituée une fois pour toutes par Aristote, et qu'elle n'a reçu depuis aucun perfectionnement.

INDEX GÉNÉRAL [1]

A

τὸ ἀγαθόν, le *bien*, le *bon* (τὸ καλόν a souvent le même sens).

ἀδιάφορος, *indifférencié*.

ἀδιόριστος, *indéterminé*, *indéfini*; preuve ἐκ τοῦ ἀδιορίστου (*An. prior*, I, 4, 26b16).

ἄδοξος, *contraire à l'opinion commune*.

ἀδύνατον, *absurde*, *impossible* : démonstration διὰ τοῦ ἀδυνάτου.

ἀεί, *toujours*, *éternel* : faits qui se produisent ἀεί, par opposition à ceux qui se produisent ὡς ἐπὶ τὸ πολύ (voir πολύ); ἀΐδιος, *éternel*.

αἵρεσις, *choix*; τὸ αἱρετόν, -ώτερον, le *désirable*, par opposition à τὸ φευκτόν, -ότερον, le *haïssable*, *ce qu'il faut fuir*.

αἴσθησις, *sensation*; αἰσθάνεσθαι, *percevoir*, *sentir*; τὸ αἰσθητον, le *sensible*, l'*objet de sensation*.

---

1. Cet Index est une sorte de fusion, remaniée et complétée, des lexiques des volumes précédents. Il n'a pas la prétention d'être complet : n'y figurent que les termes de logique qui présentent un intérêt technique ou des difficultés spéciales. De toute façon, il ne saurait remplacer l'*Index aristotelicus* de Bonitz, auquel nous renvoyons une fois pour toutes. Les références se rapportent aux *notes explicatives* des différents volumes de notre traduction de l'*Organon*.

αἰτεῖσθαι, *demander, prendre*; τὸ ἐξ ἀρχῆς αἰτεῖσθαι, *faire une pétition de principe* (*An. prior*, I, 24, 41b9; *Top.*, VIII, 13, 162b31); αἴτημα, *postulat* (*An. post.*, I, 10, 76b32).

αἰτία, αἴτιον, *cause, raison, motif*; souvent synonyme de ἀρχή; αἰτιατόν, *effet, causé*; ἀναίτιον, *ce qui n'est pas cause* (posé ὡς αἴτιον).

ἀκολουθεῖν, *suivre, être la conséquence de, obéir, correspondre à, accompagner, être corrélatif à.*

τὰ ἄκρα, les termes *extrêmes*; τὸ μεῖζον, τὸ πρῶτον ἄκρον, le *grand extrême*, le *majeur*; τὸ ἔλαττον, τὸ ἔσχατον ἄκρον, le *petit extrême*, le *mineur* (*An. prior*, I, 4, 25b33).

ἀλλοίωσις, *altération* qualitative (κατὰ ποιόν), du genre κίνησις (voir ce mot), et se rattachant à μεταβολή (voir aussi ce mot); ἀλλοιοῦσθαι, *être altéré.*

ἅμα, *coexistence, simultanéité*; *en même temps, avec, corrélativement.*

ἀμερές, *sans parties.*

ἄμεσος, qui n'a *pas de moyen*, qui n'a *pas de terme commun.*

ἀμφιβολία, *amphibolie, amphibologie.*

ἀνάγειν, *réduire, opérer une réduction* (par exemple des syllogismes à la première figure); ἀναγωγή, *réduction.*

ἀνάγκη, la *nécessité*; ἀναγκαῖον, ou ἐξ ἀνάγκης, *nécessaire.*

ἀναλογία, *analogie*, κατ' ἀνάλογον, *par analogie* (*An. prior*, I, 46, 51b25).

ἀναλύειν, *résoudre, réduire, remonter* aux causes et conditions; ἀνάλυσις, *réduction, analyse*; ἀναλυτικά, *analytiques* (*An. prior*, I, 1, 24a11); ἀναλυτικῶς, *d'une façon proprement démonstrative*, par opposition à λογικῶς, *d'une manière abstraite et dialectique* (*An. post.*, I, 21, 82b35).

ἀνασκευάζειν, *réfuter, détruire*, opposé à κατασκευάζειν, *établir, confirmer*; ἀνασκευαστικῶς, *négativement, par réfutation*, opposé à κατασκευαστικῶς (*An. prior*, I, 46, 52a32).

ἀντιδιῃρημένα, termes *coordonnés*; termes, provenant de la même division, opposés l'un à l'autre (*Cat.*, 13, 14b33).

ἀντίθεσις, *opposition*, genre de ἀντίφασις (*contradiction*), ἐναντίωσις (*contrariété*), πρὸς τι (*relation*), στέρησις et ἕξις (*privation* et *possession*); τὰ ἀντικείμενα, les *opposés*, les *propositions opposées*, pris parfois au sens de *contradictoires* (*Cat.*, 10, 11b15 et 35); ἀντικεῖσθαι ἀντιφατικῶς, *opposition contradictoire*, distincte de ἀντικεῖσθαι ἐναντίως, *opposition des contraires* (*de Int.*, 6, 17a33).

ἀντικατηγορεῖσθαι, *changer de catégorie*; *faire du sujet l'attribut, et de l'attribut le sujet.*

ἀντιστρέφειν, *convertir, réciproquer*; ἀντιστροφή, *conversion, réciprocation* (ces termes ont des sens multiples, indiqués *An. prior*, I, 2, *init.*, note; II, 5, 57b21, et 8, 59b1).

ἀντίφασις, *contradiction* (voir ἀντίθεσις).

ἄνω (ἐπὶ τὸ), *en remontant, vers le haut, termes supérieurs, plus universels*, opposé à ἐπὶ τὸ κάτω (*An. prior*, I, 27, 43a37; II, 17, 65b29).

ἀνώνυμος, *innomé, qui n'a pas reçu de nom.*

ἀξίωμα, *axiome* (*An. post.*, I, 2, 72a17); parfois synonyme de πρότασις.

ἀόριστος, *indéterminé, indéfini*; ἀορίστως, *d'une manière indéterminée.*

ἀπαγωγή, *réduction*; ἀπ. εἰς τὸ ἀδυνάτον, *réduction à l'absurde, à l'impossible* (*An. prior*, I, 5, 27a15); *abduction* (*An. prior*, II, 25, 69a20).

ἀπαντᾶν, *répondre à, s'en prendre à.*

ἀπατή, *deceptio, erreur.*

ἄπειρον, l'*infini, l'illimité*; ἄπ. κατὰ τὴν διαίρεσιν, *infini par division* ou *infini en puissance*, par opposition à l'infini κατὰ τὴν πρόσθεσιν, *infini par addition* ou *en acte*; ἰέναι εἰς ἄπειρον, *procéder à l'infini.*

ἁπλοῦς, *simple*; τὰ ἁπλᾶ, les *natures simples, incomposées*, les *éléments*, synonyme de τὰ ἀδιαίρετα ou τὰ ἀσυνθετα et par opposition aux σύνθετα, *natures composées*; ἁπλῶς, *absolument, sans faire de distinction* (*Cat.*, 5, 3b18; *de Int.*, 1, 16a18).

ἀπόδειξις, *démonstration* proprement dite, opposé à ἔλεγχος, *réfutation*; ἀποδεικτικός, *démonstratif*; ἀποδεικτικὴ πρότασις, *prémisse démonstrative*, opposé à διαλεκτικὴ πρότασις.

ἀποδιδόναι, *rendre compte de, expliquer (Cat.*, 1, 1a4).

ἀπόκρισις, *réponse*; ἀποκρίνεσθαι, *répondre*; ὁ ἀποκρινόμενος, *celui qui répond* à une interrogation dialectique et défend une thèse (opposé à ὁ ἐρωτῶν).

ἀπορία, ἀπόρημα, *difficulté, aporie, problème*; διαπορεῖν, *poser un problème*; διαπορῆσαι, le *développer*; εὐπορῆσαι, le *résoudre (Top.*, I, 2, 101a35).

ἀπόφανσις, λόγος ἀποφαντικός, *discours attributif, judicium, proposition en général*; comprend l'*affirmation* ou *proposition affirmative*, κατάφασις, et la *négation* ou *proposition négative*, ἀπόφασις (*de Int.*, 5, 17a8).

ἀπόφασις, *négation* (voir ἀπόφανσις).

ἀριθμός, *nombre*; ἓν ἀριθμῷ, *un numériquement*, opposé à ἓν εἴδει ou λόγῳ, *un spécifiquement*.

ἀρχή, *principe, commencement, point de départ* (extérieur à la chose); ἀρχαὶ ἴδιαι, ἀρχαὶ οἰκεῖαι, *principes propres*; τὸ ἐξ ἀρχῆς, *ce qui est posé au début*, synonyme de τὸ κείμενον (*An. prior*, I, 24, 41b9); τὸ ἐξ ἀρχῆς αἰτεῖσθαι (voir αἰτεῖσθαι).

ἀσύμβλητος, *incommensurable, incomparable* (opposé à συμβλητός: voir ce mot).

ἀτελής, *inachevé, incomplet, imparfait*, opposé à τέλειος.

ἄτομος, *insécable* (la ligne, par exemple); τὰ ἄτομα, les *individus* ou parfois les *infimae species*; ἄτομον εἶδος, *espèce dernière, indivisible* en genre et différence (*Cat.*, 5, 2b23).

αὔξησις, *accroissement* quantitatif (κατὰ ποσόν), du genre κίνησις (voir ce mot) et se rattachant à μεταβολὴ (voir ce mot). Opposé à φθίσις, *diminution* ou *décroissement*.

τὸ αὐτόματον, *casus, spontanéité, hasard*, distinct de τύχη, *fortuna* (*de Int.*, 9, 18b5).

ὁ αὐτός, τὸ αὐτό, *identique, même* (génériquement ou numériquement).

ἀφαίρεσις, *retranchement, prélèvement, abstraction*, opposé à πρόσθεσις, *addition*; ἐξ ἀφαιρέσεως, *par abstraction*, opposé à ἐκ προσθέσεως, *par addition* (*An. post.*, I, 27, 87a35); τὰ ἐξ ἀφαιρέσεως, les *abstractions*, les *résultats de l'abstraction*, par opposition à τὰ ἐκ προσθέσεως, les *résultats de l'addition*, les *êtres physiques*.

ἄφθαρτος, *incorruptible, impérissable*.

ἀχώριστος, *inséparable*.

B

βία, *forcé, violent*, mouvement *contraire à la nature*.

Γ

γένεσις, la *génération*, le *devenir* (opposé à φθορά, *corruption*), qui peut être ἁπλῶς (*simpliciter*, κατ' οὐσίαν) ou τις (*secundum quid* : ce sera alors l'une des espèces de la κίνησις). Voir κίνησις et μεταβολή. – γίγνεσθαι, *naître, devenir, arriver, être*; τὸ γιγνόμενον, *l'engendré, ce qui devient, se réalise, est produit*; τὰ γινόμενα, les *faits*, les *événements*; γενητός, le *générable*.

γένος, *genre*, opposé à εἶδος, *espèce*; τὰ γένη désigne aussi les *genres premiers* ou *catégories*.

γιγνώσκειν, *connaître*, au sens large; opposé parfois à ἐπίστασθαι, *avoir la connaissance scientifique*; γνώριμος, -ώτερος, *ce qui est connaissable*, soit pour nous, soit *natura*.

Δ

δέχεσθαι, *recevoir*; δεκτικός, *apte à recevoir*; τὸ δεκτικόν, le *réceptacle* (des contraires, pour la substance, par exemple).

δεικνύναι, démontrer; δεικτικῶς, démonstration *par voie directe*, opposé à la démonstration διὰ τοῦ ἀδυνάτου (*An. prior*, I, 7, 29a32).

δία, *par l'action de, au moyen de*.

διάγραμμα, *proposition géométrique* (*Cat.*, 12, 14b1).

διάθεσις, *disposition* (voir ἕξις).

διαίρεσις, *division*, opposé à σύνθεσις; διαιρεῖν, *distinguer par analyse*; διαίρετον, *divisible*.

διάκρισις, *séparation*, opposé à σύγκρισις, *réunion, concrétion, composition*.

διαλέγεσθαι, *controverser, discuter*.

διαλεκτικῶς (voir λογικῶς).

δίανοια, *pensée discursive, actio cogitandi*, opposé à νοῦς, *pensée intuitive*.

διαπορεῖν, διαπορῆσαι (voir ἀπορία).

διάστημα, *intervalle, rapport* (physique ou logique), *proposition* (*An. prior*, I, 4, 25b33; 15, 35a33; 25, 42b8).

διαφορά, *différence*; δ. εἰδοποιός *différence spécifique*, par opposition à γένος, *genre*.

τὰ διῃρημένα, *disjuncta, termes issus de la division*.

τὸ διότι, le *pourquoi*, opposé au simple ὅτι, qui constate *un fait*, sans l'expliquer.

διχοτομία, *division en deux*.

δόγμα, *proposition*; a parfois le sens de δόξα (*Top.*, I, 2, 101a32). Voir δόξα.

δοκεῖ, *il semble bien*; caractérise l'*opinion commune*, ou encore l'opinion d'Aristote lui-même (*Cat.*, 4, 2a7); τὰ δοκοῦντα, même sens.

δόξα, *doctrine, opinion* reposant sur le vraisemblable, *jugement* en général; s'oppose souvent à ἐπιστήμη; δοξαὶ κοιναί, *opinions communes*; δοξάζειν, *avoir l'opinion*; τὸ δοξαστόν, l'*objet de l'opinion*, opposé à τὸ ἐπιστητόν, le *connaissable* par la science.

δύναμις, *puissance, faculté, capacité*, opposé à ἐνέργεια, *acte*; diffère de ἕξις, *habitus, état* (*An. post.*, II, 19, 99b18); τὸ δυνατόν, *le possible*, synonyme de τὸ ἐνδεχόμενον (*de Int.*, 12, 21a37; *An. prior*, I, 2, 25a39).

E

εἶδος, *forme*, synonyme de μορφή, σχῆμα, λόγος, et opposé à ὕλη, *matière*; *espèce*, opposé à γένος, genre (*Cat.*, 8, 10a11).

εἰκός, *vraisemblable*, élément de l'enthymème (*An. prior*, II, 27, 70a3).

εἶναι, *être, exister*; s'oppose parfois à γίγνεσθαι, *devenir*; τὸ εἶναι, l'*être*, l'*essence*; τὸ ὄν, *ens*, l'*être, ce qui existe*; τὸ... εἶναι, avec un nom au datif (par exemple, τὸ ἀνθρώπῳ εἶναι), signifie la *quiddité*, l'*essence* de la chose (*Cat.*, 1, 1a5); τὸ τί ἐστι, l'*essence*, τὸ τί ἦν εἶναι, la *quiddité* (*An. post.*, I, 4, 73a34); ἦν, imparfait d'εἶναι, a le sens de *disions-nous* (*Cat.*, 5, 3b7).

εἷς, τὸ ἕν, l'*Un*, coextensif à l'*Être*.

ἐκ, *à partir de, à l'aide de* (les prémisses, pour la conclusion).

τὸ καθ' ἕκαστον, l'*individu, l'individuel*, opposé à τὸ καθόλου, *le général, l'universel*.

ἔκθεσις, *ecthèse*, opération qui consiste à considérer à part une partie d'une notion (*An. prior*, I, 2, 25a17; *de Sophisticos Elenchos*, 22, 178b37).

τὸ ἔλαττον ἄκρον (voir ἄκρα).

ἔλεγχος, *elenchus, réfutation*, opposé à ἀπόδειξις ou à συλλογισμός (*An. prior*, II, 20, *init.*).

ἔλλειψις, *manque, défaut*, opposé à ὑπεροχή, *excès* (voir ce mot, et ὑπερβάλλειν).

ἐμπειρία, *expérience*.

τὸ ἐναντίον, *le contraire*; ἐναντίωσις, ἐναντιότης, la *contrariété*, espèce de l'ἀντίθεσις (voir ce mot).

τὸ ἐνδεχόμενον, synonyme de τὸ δυνατόν (voir ce mot).

ἔνδοξος, *vraisemblable, probable*.

τὸ οὗ ἕνεκα, le *ce pourquoi* d'une chose, sa *cause finale*.

ἐνέργεια, *acte*, opposé à δύναμις (voir ce mot); ἐνεργεῖν, *passer à l'acte*.

ἔνστασις, *objectio, instantia, exemple particulier* contraire à la thèse proposée (*An. prior*, II, 26, 69a37).

ἔντευξις, *conversation, discussion* (*Top.*, I, 2, 101a27).

ἐνυπάρχειν, *exister dans, être immanent à* (voir ὑπάρχειν); τὰ ἐνυπάρχοντα, *les conditions immanentes, les éléments composants*.

ἑξῆς, ἐφεξῆς, *consécutif, suivant*; se distingue du *contact* (ἁφή), du *contigu* (ἐχόμενον) et du *continu* (συνεχές), notions dont la suivante suppose la précédente (*An. post.*, I, 20, 82a31).

ἕξις, *habitus, manière d'être, disposition permanente, état*; se distingue de διάθεσις, *disposition passagère*, et de πάθος, *simple accident* (*Cat.*, 6, 6a32); signifie encore *possession*, par opposition à στέρησις, *privation*. (voir aussi δύναμις).

ἐπάγειν, *aller du particulier au général*; ἐπαγωγή, *induction* (*Cat.*, 11, 13b37; *An. prior*, II, 23, 68b15 et ss); ἐπακτικὴ πρότασις, *prémisse inductive*.

ἕπεσθαι, *suivre, être la conséquence de*; τὰ ἑπόμενα, *les choses dérivées*, les *notions secondes*; ἑπομενῶς, *d'une manière dérivée*.

ἐπίδοσις, *développement, accroissement*.

ἐπιστήμη, *science*, par opposition à la *connaissance vulgaire*, à la δόξα, simple *opinion*; ἐπίστασθαι, *savoir, avoir la science*; τὸ ἐπιστητόν, *le connaissable, l'objet de science* (voir δόξα).

ἐριστικὸς λόγος, *argument éristique, sophistique, contentieux*.

ἑρμηνεία, *interprétation* (*de Int.*, 1, *init.*).

ἐρωτᾶν, *interroger, poser une question dialectique*; ἐρώτημα, ἐρώτησις, *interrogation dialectique* (*An. post.*, I, 12, 77a37); ὁ ἐρωτῶν, *celui qui interroge* et qui attaque une thèse soutenue par ὁ ἀποκρινόμενος (voir ἀπόκρισις).

τὸ ἔσχατον (voir ἄκρα).

εὐθύς, *immédiatement, sans intermédiaire*.

εὐπορῆσαι (voir ἀπορία).

τὸ ἐφεξῆς (voir ἑξῆς).

ἔχειν, *être, se trouver dans tel état* (voir ἕξις); τὰ ἐχόμενα, *les propriétés dérivées*.

ἐχόμενον (voir ἑξῆς).

Θ

θέσις, *position* (réelle ou logique), *donnée, thèse* (*An. post.*, I, 2, 72a15).

θεωρία, *étude, contemplation, science en acte*; ἐπ. θεωρητική, *science théorétique*, qui aboutit à la *connaissance intuitive*; θεωρεῖν, *exercer la science* dont on a l'ἕξις.

θιγεῖν, *toucher, appréhender immédiatement* par l'intuition les ἁπλᾶ.

I

ἱστορία, *étude, recherche* (*An. prior*, I, 30, 46a21).

ἴσως, *sans doute*, et, parfois, *peut-être*.

K

καθ᾿ αὐτό, *par soi, par essence*, opposé à κατὰ συμβεβηκός, *par accident*.

τὸ καθόλου, *le général, l'universel*, opposé à τὸ καθ᾿ ἕκαστον (*An. post.*, I, 4, 73b27).

καί a souvent le sens explétif de *c'est-à-dire*.

κατασκευάζειν, *établir, confirmer* une thèse ; κατασκευαστικῶς, *affirmativement*, opposé à ἀνασκευαστικῶς.

κατασυλλογίζεσθαι, être l'objet d'un *contre-syllogisme* (*An. prior*, II, 19, 66a25).

κατάφασις, *affirmation* (voir ἀπόφανσις).

κατηγορία, *catégorie*, l'un des modes de l'être ; κατηγόρημα, κατηγορούμενον, *prédicat, prédicament* ; κατηγορεῖν, *attribuer* un prédicat à un sujet (*Cat.*, 4, 1b26).

κάτω (ἐπὶ τὸ), *en descendant*, opposé à ἐπὶ τὸ ἄνω (voir ἄνω).

κεῖσθαι, *poser, donner* ; τὸ κείμενον, *la proposition donnée*.

κινεῖν, *mouvoir* ; κινεῖσθαι, *être mû, être en mouvement* ; τὸ κινουμένον, *le mobile, le mû* ; κίνησις, *le mouvement*, du genre μεταβολή (voir ce mot), avec lequel il se confond parfois.

κοινός, *commun, s'appliquant à plusieurs choses*.

κρίνειν, *juger, discerner*.

κύριος, *principal, déterminant* ; κυρίως, *principalement, fondamentalement* (*Cat.*, 5, 2a11).

Λ

λαμβάνειν, *prendre, poser, accepter* les propositions de l'adversaire ; τὰ εἰλημμένα, *les données, les propositions posées*.

λέξις, *diction, élocution* (*de Int.*, 1, *init.*).

λῆμμα, *proposition, prémisse, thèse* (*Top.*, I, 1, 101a14).

λόγος, *concept, notion, essence* de la chose dans l'esprit ; par suite, *définition* et *forme* (*Cat.*, 1, 1a1) : au sens logique, *locution, phrase, sentence, énonciation* (*de Int.*, 4, 16b26) ; *raison, argument, opinion, système*; λογισμός, *raisonnement, calcul réfléchi.* – Λόγος ἀποφαντικός (voir ἀπόφανσις); – λογικῶς (voir ἀναλυτικῶς).

λύσις, *solution.*

M

μάθησις, μάθημα, *discipline, apprentissage, étude*; τὰ μαθήματα, *les mathématiques* (*An. prior*, I, 30, 46a4).

μέθοδος, *recherche, via et ratio inquirendi, marche régulière, discipline, méthode*; au pluriel : *les ordres de recherche.*

μεῖζον (voir ἄκρα).

μέρος, *partie*; τὰ ἐν μέρει, τὰ κατὰ μέρος, *les choses particulières* (notions ou propositions), par opposition aux *universelles* (τὰ καθόλου).

μέσος, *milieu*; τὸ μέσον, *le moyen terme, le milieu* (entre deux contraires, par exemple); ἡ μεσότης, *la médiété.*

μετάβασις, *passage* d'une notion à une autre.

μεταλαμβάνειν, *changer,* échanger; μεταβολή, *changement* en général, comprend la γένεσις et ses espèces, et la κίνησις et ses espèces (*Cat.*, 14, 15a14).

τὸ μεταξύ, *l'intermédiaire, le milieu.* Synonyme de μέσον (voir ce mot).

μονάς, *unité.*

μορφή, *forme* (voir εἶδος).

N

νόησις, *pensée* en général, pensée *intuitive,* par opposition à διάνοια, pensée *discursive*; νόημα, *concept, idée*; νοητόν, le *pensable,* l'*intelligible,* l'objet de pensée; νοητικόν, la *partie intellective.*

νοῦς, *intelligence, intellect, pensée*; signifie souvent *raison intuitive,* et s'oppose à διάνοια.

τὸ νῦν, l'*instant,* le *moment présent*; νῦν δέ, *en réalité, en fait.*

O

οἰκεῖος, *propre, spécial, approprié à.*

τὸ ὅλον, *le tout, l'Univers*; ὅλως, *en général, en un mot.*

ὁμογενής, *de même genre, homogène*; ὁμοειδής, *de même espèce, spécifiquement identique.*

ὅμοιος, *semblable*; ὁμοίως, *semblablement, pareillement, à égal degré.*

ὁμώνυμον, *homonyme, équivoque*, par opposition à συνώνυμον, *synonyme, univoque*, et à παρώνυμον, *paronyme* (*Cat.*, 1, 1a1 et 11).

ὄνομα, *nom, sujet* (*de Int.*, 2, *init.*).

ὅπερ (avec εἶναι), ce qui appartient *à l'essence même de la chose,* indépendamment des qualités : ὅπερ ὄν, *l'être en tant qu'être.*

ὄργανον, *organe, instrument.*

ὅρος, *terme, limite* de la proposition de la διάστημα; *facteur principal, définition*; ὁρίζειν, *délimiter, définir*; ὁρισμός, *définition, expression du* λόγος; ὁριστικὸς λόγος, même sens.

ὅτι (voir διότι).

οὐσία, *substance* en général; *substance matérielle*; *substance formelle*; *substance composée*, synonyme de τόδε τι et de χωριστόν (*Cat.*, 5, 2a11; *An. post.*, I, 4, 73a34).

Π

πάθος, *qualité, détermination, affection, attribut* (voir ἕξις); παθήματα, *les affections*; πάθησις, *la passion*; πάσχειν, *subir, être passif, supporter.*

τὸ πᾶν, *le tout, l'Univers*; κατὰ παντός, *de omni* (*An. post.*, I, 4, 73a28).

παράδειγμα, *exemple* (*An. prior*, II, 24, 68b38).

παραδιδόναι, *transmettre, livrer, docere*; παράδοσις, *tradition, enseignement transmis.*

παραδόξον, *paradoxe, proposition contraire à l'opinion courante.*

παραλογισμός, *paralogisme, syllogisme faux in forma.*

παρελέγχος = σοφιστικὸς ἔλεγχος, *réfutation apparente* (*de Sophisticos Elenchos*, 17, 176a24).

παρώνυμον, *paronyme* (voir ὁμώνυμον).

ἡ πειραστική, *la Critique*, partie de la Dialectique; πειραστικὸς λόγος, *argument purement critique* (*de Sophisticos Elenchos*, 8, 169b23).

περαίνειν, *conclure*.

πέρας, *limite*; πεπερασμένον, *limité, fini* (en quantité ou qualité).

περιέχειν, *embrasser, envelopper, comprendre* dans sa compréhension ou son extension.

ποιεῖν, *faire, produire, créer*; ποίημα, *production, fabrication* (s'oppose à πράττειν, *agir*, sans résultat extérieur, et à πρᾶξις, *action, acte*); ποιητικόν, *l'actif, l'agent de production*.

ποιόν, *quale*; ποιότης, *qualitas* (*Cat.*, 8, 8b25).

πολύ, *beaucoup*; ὡς ἐπὶ τὸ πολύ, *le constant, l'habituel, ce qui arrive le plus souvent*, opposé à ἀεί, *ce qui arrive toujours*, et à συμβεβηκός, *accident*.

ποσόν, ποσότης, *quantum, quantitas*.

πράττειν, πρᾶξις (voir ποιεῖν).

πρόβλημα, *problème, question* à résoudre, *conclusion* à établir.

πρόσθεσις, ἐκ προσθέσεως (voir ἀφαίρεσις).

πρὸς τι, le *relatif*, la *relation*, du genre ἀντίθεσις (v. ce mot).

πρότασις, *proposition* en général, et, plus spécialement, *prémisse* d'un syllogisme (*An. prior*, I, 1, 24a16); ἡ πρώτη πρότασις, *la majeure*; ἡ δευτέρα πρότασις, *la mineure* (*An. prior*, I, 4, 25b33).

πρότερον et ὕστερον, *l'antérieur* et le *postérieur*, *l'avant* et *l'après*.

πρῶτος, *premier*, soit en importance, soit chronologiquement; *prochain* (par exemple, genre prochain); *le plus éloigné* (la cause première); πρώτη οὐσία, la substance *première*, qui n'est pas l'attribut d'une autre chose; τὰ πρῶτα, les *réalités éternelles* (τὰ ἀΐδια) ou les *principes* (ἀρχαί) d'une chose, ou ses *éléments* (στοιχεῖα). — πρώτως, *immédiatement, primitivement, primordialement, au sens fondamental et premier* (*Cat.*, 5, 2a11); τὸ πρῶτον (voir ἄκρα).

πτῶσις, *inflexion, cas*, au sens grammatical, ou *temps* d'un verbe (*Cat.*, 1, 1a32; *Top.*, II, 9, 114a35).

P

ῥῆμα, *verbe* (*de Int.*, 3, 16b6).

Σ

σημεῖον, *signe* (*An. prior*, II, 27, 70a3).

σολοικισμός, *solécisme*.

ἡ σοφιστική, le *Sophistique*; σοφιστικὸς λόγος, *raisonnement sophistique*.

στέρησις, *privation*, opposé à ἕξις, et espèce de l'ἀντίθεσις (voir ce mot).

στοιχεῖον, l'*élément immanent*, opposé parfois à ἀρχή, *principe extérieur* à la chose (*An. post.*, I, 23, 84b21); sur στοιχεῖα, au sens géométrique, cf. *Cat.*, 12, 14b1.

σύγκρισις, *réunion*, opposé à διάκρισις (voir ce mot).

συλλογίζεσθαι, *raisonner, conclure, faire un syllogisme*; συλλογισμός, *syllogisme, raisonnement* en général.

συμβαίνειν, *arriver, suivre logiquement, être la conséquence, conclure*; συμβεβηκός, *accident, caractère, propriété, attribut en général*; συμβεβηκότα καθ᾽ αὑτά (ou πάθη, ὑπάρχοντα), *attributs essentiels de la chose*.

συμβλητός, *comparable, commensurable*, opposé à ἀσύμβλητος (voir ce mot).

σύμβολον, *symbole, traduction* (*de Int.*, I, 16a4).

συμπεραίνειν, *conclure* par voie syllogistique ou par voie extra-syllogistique; τὸ συμπέρασμα, *la conclusion* d'un syllogisme.

συμπλοκή, *lien, enchaînement, liaison*.

σύμφυσις, *connaturalité, innéité*; τὰ σύμφυτα, *les parties constituantes*.

συνεχές (voir ἑξῆς).

σύνθεσις, *assemblage, composition*; τὰ σύνθετα, *les choses composées*, opposé aux ἁπλᾶ, *les natures simples*.

σύνολον, le *composé concret* de forme et de matière.

συνώνυμον, *synonyme* (voir ὁμώνυμον).

συστοιχία, *série*; σύστοιχα, *termes d'une même série* (*An. prior*, II, 21, 66b27; *An. post.*, I, 15, 79b6; *Top.*, II, 9, 114a26).

σχῆμα, *forme*, synonyme de εἶδος (voir ce mot); *figure* d'un syllogisme; σχηματίζειν, *informer, donner une forme*.

T

τεκμήριον, *indice, signe essentiel* (*An. prior*, II, 27, 70b1).

τέλος, la *fin*, le *but*, la *cause finale*; τέλειος, *achevé, complet*.

τέχνη, *art* (*An. prior*, I, 30, 46a4; *An. post.*, I, 1, 71a4).

τί ἐστι (voir εἶναι).

τόδε τι, *hoc aliquid*, *l'individuel, la chose déterminée, l'individu concret et séparé*; parfois *la forme* (*Cat.*, 2, 1b3; 5, 3b10; *An. post.*, 1, 4, 73b7).

τόπος, *lieu, locus, locus communis* (*Top.*, II, 1, 109a3).

τύχη, *fortuna* (voir αὐτόματον).

Y

ὕλη, *matière, sujet*.

ὑπάρχειν, *appartenir à, être, exister*, marque l'attribution; ὑπάρχειν ἐν ou ἐνυπάρχειν, *être dans, immanent à*, même sens, plus précis; τὰ ὑπάρχοντα, les *propriétés*, les *attributs*, les *accidents*; τὰ ὑπ. καθ᾽ αὑτά, *attributs essentiels* (*An. post.*, I, 4, 73a34).

ὑπεναντίωσις, *subcontrariété*, ou simplement *contrariété*.

ὑπερβάλλειν, *dépasser, être en excès*; ὑπεροχή, *ce qui surpasse, l'excès*, opposé au *défaut* (ἔλλειψις. V. ce mot).

ὑπόθεσις, *hypothèse*, ce qui sert de *fondement* à un raisonnement ou à une science (*An. prior*, I, 4, 25b33; *An. post.*, I, 2, 72a15); démonstration ἐξ ὑποθέσεως (*An. prior*, I, 23, 40b25).

ὑποκείμενον, le *sujet*, le *substrat*, siège des contraires; peut être matière, forme ou σύνολον. Signifie parfois la *matière* du raisonnement.

ὑπόληψις, *croyance, jugement, opinion présentant un caractère d'universalité*; ὑπολαμβάνειν, *juger* (*An. prior*, II, 15, 64a9; *Top.*, II, 8, 114a19).

ὕστερον (voir πρότερον).

Φ

τὸ φαινόμενον, τὰ φαινόμενα, *ce qui apparaît*, les *faits observés*, opposé à τὸ ὄν, *ce qui est*.

φάσις, simple *énonciation, assertion, affirmation* (en ce dernier sens se confond souvent avec κατάφασις); φάσκειν, *dire, prétendre*.

φεύγειν, *fuir*; τὸ φευκτόν, *le haïssable*, opposé à τὸ αἱρετόν, *le désirable* (voir αἵρεσις).

φθίσις, *diminution, décroissement*, opposé à αὔξησις (voir ce mot).

φθορά, *corruption, destruction*, opposé à γένεσις (voir ce mot); φθείρεσθαι, *être détruit, se corrompre*.

φορά, *mouvement local, translation* (voir κίνησις et μεταβολή).

φύειν, -εσθαι, *naître, être produit naturellement*; φυσικὸς, *naturel, physique*; φυσικῶς, *naturellement, en physicien*, opposé à λογικῶς (voir ce mot).

Ψ

ψευδογραφεῖν, *tirer des figures fausses*; ψευδογραφήματα, *figures fausses*.

TABLE DES MATIÈRES

Aristote

RÉFUTATIONS SOPHISTIQUES
Organon VI

ACHEVÉ D'IMPRIMER
EN NOVEMBRE 2007
PAR L'IMPRIMERIE
DE LA MANUTENTION
A MAYENNE
FRANCE
N° 353-07

Dépôt légal :4ᵉ trimestre 2007